ॐ

SANSKRIT NOUN DECLENSION
using Ashtadhyayi Sutras

Ashwini Kumar Aggarwal

edited by
SADHVI HEMSWAROOPA

जय गुरुदेव

© 2022, Author

ISBN13: 978-93-92201-91-2 Paperback Edition
ISBN13: 978-93-92201-92-9 Hardbound Edition
ISBN13: 978-93-92201-94-3 Digital Edition

This work is licensed under a Creative Commons Attribution 4.0 International License. Please visit
https://creativecommons.org/licenses/by/4.0/

Title: **Sanskrit Noun declension using Ashtadhyayi Sutras**
Author: **Ashwini Kumar Aggarwal**

Printed and Published by
Devotees of Sri Sri Ravi Shankar Ashram
34 Sunny Enclave, Devigarh Road,
Patiala 147001, Punjab, India

https://advaita56.weebly.com/
The Art of Living Centre

https://www.artofliving.org/

14th January 2022 Makara Sankranti, Pongal, Bihu, Lohri
Shukla Paksha Kurma Dvadashi, Uttarayana, Rohini Nakshatra,
Vikram Samvat 2078 Ananda, Saka Era 1943 Plava

1st Edition January 2022

जय गुरुदेव

Dedication

Sri Sri Ravi Shankar

> who allows us to explore new words with good cheer

Blessing

In Sanskrit, 'Apaha' means both water & love. 'Aptah' is dear one. Water, life & love are inseparable. Let's keep them pure.

> Sri Sri Ravi Shankar
> 7:18 am Mar 23, 2017 @SriSri Twitter for iPhone

Acknowledgements

Mataji Brahmaprakasananda of AVG Nagpur, for superb teaching. Pushpa Maa of Panini Shodh Sansthan, for excelling in Sanskrit.

Class Notes dated 27.5.2014 मरुत् to 9.10.2014 पचत् ।

Prayer

शान्तिपाठः

ॐ सह नाववतु । सह नौ भुनक्तु । सह वीर्यं करवावहै ।
तेजस्वि नावधीतमस्तु मा विद्विषावहै ॥
ॐ शान्तिः शान्तिः शान्तिः ॥

oṃ saha nāvavatu | saha nau bhunaktu | saha vīryaṃ karavāvahai |
tejasvi nāvadhītamastu mā vidviṣāvahai ||
oṃ śānti śānti śāntiḥ ||

Peace Invocation
O Pure Loving Grace!

May we be taken care of along with our family and friends.
May we enjoy socializing and eating together.
May we support each other's vision and growth.
May our intellect be open to new ideas and changing trends.
May we spend more time in praise than abuse, may we talk of each other's virtues rather than harp on vices.

Peace in our heart, in our body and in our environs.

Table of Contents

BLESSING 3

PRAYER 4

PREFACE 13

ABBREVIATIONS 13

INTRODUCTION 14

MASCULINE अ इ उ ऋ ऐ ओ औ STEM FINAL VOWEL 18

राम Rama, Lord 19

हरि Hari, Vishnu, Lord, Success giver 20

पति Husband, Consort, Boss 21

सखि Friend, Companion, colleague, roommate 22

गुरु Guru, Acharya, Master, Remover of Ignorance 23

दातृ Donatee, Giver of Charity, Lord who fulfills 24

पितृ Father, Guardian, head of family 25

रै Resources, Wealth 26

गो Bull, Cow, Ox 27

ग्लौ Moon, Pleasant Shining Light, Nourisher 28

FEMININE आ इ ई उ ऊ ऋ ऐ ओ औ STEM FINAL VOWEL 29

रमा Consort of Lord, Goddess of Wealth, Fair Maiden 30

मति Intellect, thought, reasoning, opinion 31

नदी River, flowing current 33

श्री endowed with Wealth, Resourceful 34

स्त्री woman, one needing an anchor, wife 35

धेनु Cow, milch animal 36

वधू bride, newly wed girl, one who manages home 37

भू earth, planet that sustains life 38

स्वसृ Sister, affectionate girl 39

मातृ Mother, giver of birth 40

रै Resources, Wealth 41

गो Bull, Cow, Ox 42

5

नौ Boat, ferry 43

NEUTER अ इ उ ऋ STEM FINAL VOWEL 44

फल fruit, natural delicacy 45

वारि water, clear liquid 46

दधि curd, yoghurt 47

शुचि pure, clean 48

गुरु heavy, bulky, stressful, weight bearing 49

मधु honey, natural sweetner 50

दातृ That which gives, pot gives water 51

MASCULINE च् ज् त् द् न् श् ष् स् ह् STEM FINAL CONSONANT 52

जलमुच् Cloud, airy ball of water 53

वणिज् Merchant, trader 54

राज् King, Head, President 55

Masculine stems त् ending 56

मरुत् Wind, Hanuman, Speedy 58

पचत् Cook, Chef 59

धीमत् Intelligent, talented, genius 61

महत् Great, magnificient, noble 62

सुहृद् Friend, affectionate one, good at heart 63

राजन् King 64

आत्मन् Soul, inner purity, Jiva 65

ब्रह्मन् Brahmin the learned one, Brahma the Creator 66

श्वन् Dog, Canine 67

युवन् Youth, Teenager मघवन् Storm cloud, Lord Indra 68

पथिन् Road, path, journey 69

करिन् elephant, tusker 70

विश् People, crowd, group of humans 71

तादृश् Such, like that, likewise, of that kind 72

द्विष् Enemy, one who harbors ill-will, bitter person 73

वेधस् all-knowledgeable, Lord Brahma, Creator 74

श्रेयस् Superior, Ultimate...75
विद्वस् Scholar, professor 76
पुम्स् = पुंस् Man, male of species..77
दोस् Arm, forearm (body part)..78
लिह् One who licks, baby like, puppy like 79

FEMININE च् ज् त् ध् न् प् भ् र् व् श् ष् स् ह् STEM FINAL CONSONANT 80

Declension Templates for Feminine नदी , रमा 81
वाच् Speech, Organ of speech..82
स्रज् garland 83
सरित् River, stream, Flowing current शरद् Autumn, Season 83
क्षुध् Hunger, Starvation 84
सीमन् Boundary, limit (has two declension forms) 85
अप् Waters, water sources, unconditional Love, saviours............86
ककुभ् Region 87
पुर् town, city गिर् speech, spoken word 88
दिव् Heaven 89
निश् Night दिश् Direction 90
प्रावृष् Rainy season, Monsoon 91
भास् Light, illumination, understanding आशिस् Bless, Grace 92
उपानह् Shoe, ladies Belly, footwear, boots, alter ego 92

NEUTER च् ज् त् द् न् श् ष् स् ह् STEM FINAL CONSONANT........................93

सुवाच् Eloquent speech, oratory 94
असृज् 95
जगत् world, society..96
ददत् act of giving charity तुदत् act of giving pain 97
पचत् act of cooking 98
Discussion of 1st case spellings for तकारान्त neuter stems 99
महत् massive, huge, great..99
हृद् heart, core, blueprint of something..100
नामन् name, surname, formal name, label..................................101

कर्मन् action ब्रह्मन् supreme consciousness 102
अहन् day (duration between 6am to 6pm)... 103
गुणिन् meritorious 104
वार् water, still waters, deep blue sea 105
तादृश् likewise, such, like that, of that kind 105
सुत्विष् shiny, glowing, lustrous, brilliant 106
मनस् mind, thoughts, opinion 107
हविस् Oblation, वपुस् body, trunk 108
तस्थिवस् That which has stood steadfast, pillar 109
अम्भोरुह् lotus, water flower, soul of water 110

SARVANAMA (35 PRONOUN STEMS IN GANAPATHA) 111

Pronoun Stems & Sutras.. 112
Pronoun Gender Stems.. 113
Sutras for Sarvanama-Sthana Affixes...................................... 116
सर्व mfn - All, Everyone, Several (mfn, adjective usage)................. 117
    सर्वा feminine - All, Everyone...118
    सर्व neuter – All objects, Everything..119
Differences in अकारान्त Pronoun and Noun 120
विश्व mfn – total, sum (identically as सर्व without 8.4.2) 121
उभ mfn - both, the two, pair (only in Dual)................................... 122
उभय mfn - to both sides, in two ways (has no Dual) 123
    उभयी feminine (has no Dual)..124
    उभय neuter (has no Dual) 125
डतर mf – (कतर यतर ततर एकतर decline as सर्व)........................... 126
    कतर n – who or what out of two (interrogative usage)...........126
    यतर n – that out of two (identical to कतर)................................127
    ततर n – till the two (identical to कतर).......................................128
    एकतर n – one out of two (identical to कतर)............................129
डतम mf – (कतम यतम ततम एकतम identical to डतर)................... 130
    कतम n – who or what out of many (interrogative) 130
अन्य mfn – (declines as सर्व, identical to कतर)............................ 131

अन्यतर mfn – (declines as सर्व, identical to कतर)	132
इतर mfn – (declines as सर्व, identical to कतर)	133
त्वत् mf – Other, other one	134
त्वत् n – Other, other thing	134
त्व mfn – (declines as सर्व)	135
नेम mfn - One half, a portion (declines as सर्व except 1/3)	136
सम mfn – one other portion (identical to सर्व)	138
सिम mfn – another part (identical to सर्व)	139
पूर्व Prior, Eastern (mfn, adjective usage, पूर्वा f , पूर्व n)	140
पर mfn (identical to पूर्व as पर m, परा f, पर n)	140
अवर mfn (identical to पूर्व as अवर m, अवरा f, अवर n)	141
दक्षिण mfn (identical to पूर्व as दक्षिण m, दक्षिणा f, दक्षिण n)	141
उत्तर mfn (identical to पूर्व as उत्तर m, उत्तरा f, उत्तर n)	141
अपर mfn (identical to पूर्व as अपर m, अपरा f, अपर n)	142
अध mfn (identical to पूर्व as अध m, अधा f, अध n)	142
स्व mfn (identical to पूर्व as स्व m, स्वा f, स्व n)	142
अन्तर mfn (identical to पूर्व as अन्तर m, अन्तरा f, अन्तर n)	143
त्यद् mfn (declines as तद्)	143
तद् mfn (declines as stem तअ)	144
यद् mfn (declines as stem यअ, identical to तद्)	145
एतद् mfn (similar to तद् , declines as stem एतअ)	146
इदम् mfn (declines as stem अ, 3rd case onwards सर्व)	148
अदस् mfn (declines as stem अदअ)	150
एक mfn (declines as सर्व)	151
द्वि mfn – (only in Dual, declines as सर्व dual)	152
युष्मद् mfn – YOU (personal pronoun)	153
अस्मद् mfn – I (personal pronoun)	154
भवत् m - Thee, your honour, respectful address	155
भवती f - Thee, your honour lady, respectful address	156
भवत् n – a revered thing, a photograph/statue	156
किम् mfn - who, what	157
किम् f - who, what (interrogative usage)	158

किम् neuter - who, what (interrogative usage)..................159

NUMERAL CARDINALS सङ्ख्या 1, 2, 3............................160

एक one 160
द्वि two 161
त्रि three 161
चतुर् four 162
पञ्चन् षष् सप्तन् – five six seven 162
अष्टन् eight 163
नवन् दशन् एकादशन् द्वादशन् – nine ten eleven twelve 164
त्रयोदशन् चतुर्दशन् पञ्चदशन् षोडशन् – thirteen fourteen fifteen sixteen 164
सप्तदशन् अष्टदशन् नवदशन् – seventeen eighteen nineteen.............165
कति mfn – How many Number? How much Quantity? 165

NUMERAL ORDINALS सङ्ख्येय 1ST, 2ND, 3RD 166

प्रथम m - First, 1st, Initial 166
   प्रथमा f - First, Initial 167
   प्रथम n - First, Initial 168
द्वितीय m – Second, 2nd, Latter तृतीय Third, 3rd 169
   द्वितीया f – Second, 2nd, Latter तृतीया Third, 3rd 170
   द्वितीय n – Second, 2nd, Latter तृतीय Third, 3rd 171
चतुर्थ m - Fourth, 4th, Transcendental State 172
   तुरीय m - Fourth, 4th, Transcendental State 172
   चतुर्थी f – Fourth, 4th, Transcendental State 173
   तुरीया f – Fourth, 4th, Transcendental State 173
   चतुर्थ n – Fourth, 4th, Transcendental State 174
   तुरीय n – Fourth, 4th, Transcendental State 174
पञ्चम m - Fifth, 5th, onwards 6th, 7th... 100th etc................175
   पञ्चमी f - Fifth, 5th, onwards 6th, 7th... 100th etc..............175
   पञ्चम n – Fifth, 5th, onwards 6th, 7th... 100th etc..............176

IRREGULAR STEMS IN MASC WITH FINAL VOWEL विशेष शब्द पुंलिङ्गः 177

ऐक्ष्वाक m – Ancestor of Lord Ram, Descendent of Ikshvaku 177
निर्जर m - Lord, Unageing, Never becoming old 177
पाद m – Foot (body part), quarter 178
दन्त m – Tooth (body part) 178
मास m – month, 30 day period 179
विश्वपा m - Lord, Protector of World 179

GENDER OF WORDS MASCULINE/FEMININE/NEUTER 182

PRIMARY सुप् प्रत्यय TABLE 183

Masculine/Feminine 7x3 सुप् प्रत्यय table without Tag 183
Neuter non अकारान्त 7x3 सुप् प्रत्यय table without Tag 184
Neuter अकारान्त 7x3 सुप् प्रत्यय table without Tag 185
m Pronoun 7x3 सुप् प्रत्यय table without Tag 185
f Pronoun 7x3 सुप् प्रत्यय table without Tag 186
n Pronoun 7x3 सुप् प्रत्यय table without Tag 186
Tag 7x3 सुप् प्रत्यय Mechanics of letters 187
सुप् प्रत्यय Affixes modified in use by Sutras 188
Masc feminine सर्वनामस्थानं प्रत्यय Sarvanamasthana Affixes 189
Neuter नपुंसकस्य सर्वनामस्थानं प्रत्यय Sarvanamasthana Affixes 190
5 or 2 सर्वनामस्थानं प्रत्यय Sarvanamasthana Affixes 191
हलादि प्रत्यय Affixes having Initial Consonant 192
mf Anga facing these Sup affixes gets पद Technical Name 193
n Anga facing these Sup affixes gets पद Technical Name 193
mf Anga facing these Sup affixes gets अ Technical Name 194
n Anga facing these Sup affixes gets अ Technical Name 194
Karaka Vibhakti table 196

SOME RELEVANT ASHTADHYAYI SUTRAS 198

SOME MORE PRONOUN SUTRAS 201

RELEVANT TECHNICAL TERMS 202

PLACE & EFFORT OF ENUNCIATION	203
MAHESHWAR SUTRAS W.R.T. PRATYAHARAS	205
SANSKRIT GRAMMAR	206
CONJUGATION PROCESS OF VERB	209
DECLENSION PROCESS OF NOUN	210
ALPHABETICAL LIST OF WORDS	211
REFERENCES	217
EPILOGUE	218

Preface

Sanskrit is coming of Age. More and more Colleges and Universities are offering a degree course in this lingua franca of yore. Many schools across Europe and America are introducing Sanskrit to young learners.

In India too there is a revival across the length and breadth, with committed organisations working to reach out to adults and children all over.

To understand Sanskrit Grammar, the basic stuff is all about knowing the correct spelling of NOUNS and VERBS. This edition gives the correct spelling of all Sanskrit NOUNS, that are seen in literature. It also goes into the Ashtadhyayi of Panini to see what changes are involved to make the final spelling.

The 7x3 Sup Table matrices for Nouns in 7 cases and 3 numbers are judiciously arranged, with emphasis on clarity and legibility. Gender of Nouns is explicitly specified, and the mechanism of original Sup Affixes, and Modified Sup affixes is elaborated.

Ashtadhyayi Sutras for Sandhi changes in the Noun spellings are listed, so that the reader understands the background process threadbare.

Abbreviations

m = masculine, f = feminine, n = neuter (noun stem, pratipadika)
mf = masculine or feminine stem, mfn = masc/fem/neuter any.
V/1 = Vocative Singular, 1/1 = Nominative Singular
7/3 = Locative Plural
For the Sutra Numbers e.g. 6.1.68, please refer to our book "Ashtadhyayi of Panini Complete" or "Ashtadhyayi of Panini Indexes" to know which sutra it means, since the numbering varies slightly in the various editions of the Ashtadhyayi available.

Introduction

To understand a Noun spelling, we refer some basic texts. The Ashtadhyayi of Panini and Ancillary Texts

- Dhatupatha text lists the Roots.
- Ganapatha text lists many Noun Stems.
- Linga Anushasana text gives criteria for gender of stems.
- Unadi Sutras text lists Noun Stems based on Unadi affixes.
- The Ashtadhyayi of Panini lists the Affixes and Upasargas (prefixes) that attach to Roots for construction of Nouns and Verbs.

Masculine NOUN flowchart

- Dhatu + Krit affix → Pratipadika + Sup affix → Noun
- Dhatu + Unadi affix → Pratipadika + Sup affix → Noun

Note

- Pratipadika = Noun STEM

Feminine NOUN Flowchart

- Dhatu + Krit affix → Pratipadika + Feminine affix → Pratipadika^f + Sup affix → Noun
- Dhatu + Unadi affix → Pratipadika^f + Sup affix → Noun

Neuter NOUN Flowchart

Some stems are classified as both masculine and neuter, so the same masculine stem gets defined as a neuter stem, and uses Sutras from the Ashtadhyayi meant for neuter stems. There aren't specific affixes to make neuter stems.

- Dhatu + Krit affix → Pratipadika^{n} + Sup affix → Noun
- Dhatu + Unadi affix → Pratipadika^{n} + Sup affix → Noun

Vocative Case

It is not defined as a distinct case, rather some sutras in the Ashtadhyayi help in the construction of Vocative. It is only used in the Nominative sense. Usually the Vocative Singular is seen in literature, and it is called Sambuddhi. However we also decline the Vocative dual and plural, which is identical to the Nominative dual and plural respectively.

7x3 Sup Noun Affixes Matrix by Sutra 4.1.2

V हे	V/1	V/2	V/3	similar to Nominative		
1	1/1	1/2	1/3	स् उँ	औ	ज् अस्
2	2/1	2/2	2/3	अम्	औ ट्	श् अस्
3	3/1	3/2	3/3	ट् आ	भ्याम्	भिस्
4	4/1	4/2	4/3	ङ् ए	भ्याम्	भ्यस्
5	5/1	5/2	5/3	ङ् अस् इँ	भ्याम्	भ्यस्
6	6/1	6/2	6/3	ङ् अस्	ओस्	आम्
7	7/1	7/2	7/3	ङ् इ	ओस्	सु प्

7x3 Sup Noun Affixes Matrix without Tag Letters

V हे	V/1	V/2	V/3	similar to Nominative		
1	1/1	1/2	1/3	स्	औ	अस्
2	2/1	2/2	2/3	अम्	औ	अस्
3	3/1	3/2	3/3	आ	भ्याम्	भिस्
4	4/1	4/2	4/3	ए	भ्याम्	भ्यस्
5	5/1	5/2	5/3	अस्	भ्याम्	भ्यस्
6	6/1	6/2	6/3	अस्	ओस्	आम्
7	7/1	7/2	7/3	इ	ओस्	सु

7x3 Sup Noun Spellings Matrix

V हे	V/1 Vocative Singular	V/2 Vocative dual	V/3 Vocative plural
case / number	1 singular number	2 dual number	3 plural number
1 Nominative case	1/1 Nominative Singular	1/2 Nominative dual	1/3 Nominative plural
2 Accusative case	2/1 Accusative Singular	2/2 Accusative dual	2/3 Accusative plural
3 Instrumental case	3/1 Instrumental Singular	3/2 Instrumental dual	3/3 Instrumental plural
4 Dative case	4/1 Dative Singular	4/2 Dative dual	4/3 Dative plural
5 Ablative case	5/1 Ablative Singular	5/2 Ablative dual	5/3 Ablative plural
6 Genitive case	6/1 Genitive Singular	6/2 Genitive dual	6/3 Genitive plural
7 Locative case	7/1 Locative Singular	7/2 Locative dual	7/3 Locative plural

7x3 सुप् नामन् Sanskrit Names

V हे	V/1 सम्बुद्धिः	V/2 सम्बोधनम् द्विवचनम्	V/3 सम्बोधनम् बहुवचनम्
विभक्ति / वचन	1 एकवचनम्	2 द्विवचनम्	3 बहुवचनम्
1st प्रथमा विभक्तिः	1/1 प्रथमम् एकवचनम्	1/2 प्रथमम् द्विवचनम्	1/3 प्रथमम् बहुवचनम्
2nd द्वितीया विभक्तिः	2/1 द्वितीया एकवचनम्	2/2 द्वितीया द्विवचनम्	2/3 द्वितीया बहुवचनम्
3rd तृतीया विभक्तिः	3/1 तृतीया एकवचनम्	3/2 तृतीया द्विवचनम्	3/3 तृतीया बहुवचनम्
4th चतुर्थी विभक्तिः	4/1 चतुर्थी एकवचनम्	4/2 चतुर्थी द्विवचनम्	4/3 चतुर्थी बहुवचनम्
5th पञ्चमी विभक्तिः	5/1 पञ्चमी एकवचनम्	5/2 पञ्चमी द्विवचनम्	5/3 पञ्चमी बहुवचनम्
6th षष्ठी विभक्तिः	6/1 षष्ठी एकवचनम्	6/2 षष्ठी द्विवचनम्	6/3 षष्ठी बहुवचनम्
7th सप्तमी विभक्तिः	7/1 सप्तमी एकवचनम्	7/2 सप्तमी द्विवचनम्	7/3 सप्तमी बहुवचनम्

Masculine अ इ उ ऋ ऐ ओ औ stem final Vowel

अजन्तः पुंलिङ्गः शब्दाः wrt Maheshwar Sutras

अ, इ, उ	अ इ उ ण्	1
ऋ	ऋ ऌ क्	2
ऐ	ए ओ ङ्	3
ओ, औ	ऐ औ च्	4
	हयवरट्	5
	लँण्	6
	ञमङणनम्	7
	झभञ्	8
	घढधष्	9
	जबगडदश्	10
	खफछठथचटतव्	11
	कपय्	12
	शषसर्	13
	हल्	14

Note

- Vocative dual and plural V/2, V/3 are identically declined as Nominative 1/2, 1/3.
- Vocative singular V/1 is termed सम्बुद्धिः and special sutras may apply.

राम Rama, Lord

राम	र् आ म् अ = masculine stem अ ending, अकारान्तः			सुप् Affixes		
V हे	राम 6.1.69	रामौ	रामाः	similar to Nominative		
1	रामः 8.2.66 8.3.15	रामौ 6.1.88	रामाः 6.1.102 8.2.66 8.3.15	स्	औ	अस्
2	रामम् 6.1.107	रामौ 6.1.88	रामान् 6.1.102 6.1.103 8.4.37	अम्	औ	अस्
3	रामेण 7.1.12 6.1.87 8.4.2	रामाभ्याम् 7.3.102	रामैः 7.1.9 6.1.88 8.2.66 8.3.15	आ	भ्याम्	भिस्
4	रामाय 7.1.13 7.3.102	रामाभ्याम् 7.3.102	रामेभ्यः 7.3.103 8.2.66 8.3.15	(ङ्) ए	भ्याम्	भ्यस्
5	रामात् 7.1.12 6.1.101	रामाभ्याम् 7.3.102	रामेभ्यः 7.3.103 8.2.66 8.3.15	ङ् अस् इँ	भ्याम्	भ्यस्
6	रामस्य 7.1.12	रामयोः 7.3.104 6.1.78 8.2.66 8.3.15	रामाणाम् 7.1.54 6.4.3 8.4.2	(ङ्) अस्	ओस्	आम्
7	रामे 6.1.87	रामयोः 7.3.104 6.1.78 8.2.66 8.3.15	रामेषु 7.3.103 8.3.59	(ङ्) इ	ओस्	सु
Similar stems देव God, मुकुन्द Krishna, शिव, हर Shiva, बालक Boy						

हरि Hari, Vishnu, Lord, Success giver

हरि	ह् अ र् इ = masculine stem इ ending, इकारान्त:		
V हे	हरे 7.3.108 6.1.69	हरी	हरय:
1	हरि: 8.2.66 8.3.15	हरी 6.1.102	हरय: 7.3.109 6.1.105 6.1.78 8.2.66 8.3.15
2	हरिम् 6.1.107	हरी 6.1.102	हरीन् 6.1.102 6.1.103
3	हरिणा 7.3.120 8.4.2	हरिभ्याम्	हरिभि: 8.2.66 8.3.15
4	हरये 7.3.111 6.1.78	हरिभ्याम्	हरिभ्य: 8.2.66 8.3.15
5	हरे: 7.3.111 6.1.110 8.2.66 8.3.15	हरिभ्याम्	हरिभ्य: 8.2.66 8.3.15
6	हरे: 7.3.111 6.1.110 8.2.66 8.3.15	हर्यो: 6.1.77 8.2.66 8.3.15	हरीणाम् 7.1.54 6.4.3 8.4.2
7	हरौ 7.3.119 6.1.88	हर्यो: 6.1.77 8.2.66 8.3.15	हरिषु 8.3.59
Similar stems रवि sun, कवि poet, मुनि sage, विधि fate, श्रीपति Vishnu, अग्नि fire			
In 3/1, 4/1, 6/2, 7/2 we see appearance of यकार । It is the samprasarana equivalent of इकार ।			

पति Husband, Consort, Boss

पति	प् अ त् इ = इकारान्तः		m
V हे	पते 7.3.108 6.1.69	पती	पतयः
1	पतिः 8.2.66 8.3.15	पती 6.1.102	पतयः 7.3.109 6.1.105 6.1.78 8.2.66 8.3.15
2	पतिम् 6.1.107	पती 6.1.102	पतीन् 6.1.102 6.1.103
3	पत्या 1.4.8 6.1.77	पतिभ्याम्	पतिभिः 8.2.66 8.3.15
4	पत्ये 1.4.8 6.1.77	पतिभ्याम्	पतिभ्यः 8.2.66 8.3.15
5	पत्युः 1.4.8 6.1.77 6.1.112 8.2.66 8.3.15	पतिभ्याम्	पतिभ्यः 8.2.66 8.3.15
6	पत्युः 1.4.8 6.1.77 6.1.112 8.2.66 8.3.15	पत्योः 6.1.77 8.2.66 8.3.15	पतिनाम् 7.1.54 6.4.3
7	पत्यो 1.4.8 6.1.77	पत्योः 6.1.77 8.2.66 8.3.15	पतिषु 8.3.59

3/1 4/1 5/1 6/1 7/1 are different from हरि as seen in literature. The sutra 7.3.120 is not applied due to 1.4.8. So यण् sandhi 6.1.77 gets applied

पति and सखि are irregular words in इकारान्त । However the word पति is declined exactly like हरि when it stands at the end of a compound. E.g. stems सीतापति, भूपति, नृपति, श्रीपति are identical to हरि ।

सखि Friend, Companion, colleague, roommate

सखि	= स् अ ख् इ = इकारान्तः		m
V हे	सखे 7.3.108 6.1.69	सखायौ	सखायः
1	सखा 7.1.92 7.1.93 6.4.8 6.1.68 8.2.7	सखायौ 7.1.92 7.2.115	सखायः 7.1.92 7.2.115 6.1.78 8.2.66 8.3.15
2	सखायम् 7.1.92 7.2.115 6.1.78	सखायौ 7.1.92 7.2.115	सखीन्
3	सख्या 1.4.7 6.1.77	सखिभ्याम्	सखिभिः 8.2.66 8.3.15
4	सख्ये 1.4.7 6.1.77	सखिभ्याम्	सखिभ्यः 8.2.66 8.3.15
5	सख्युः 1.4.7 6.1.77 6.1.112 8.2.66 8.3.15	सखिभ्याम्	सखिभ्यः 8.2.66 8.3.15
6	सख्युः 1.4.7 6.1.77 6.1.112 8.2.66 8.3.15	सख्योः 6.1.77 8.2.66 8.3.15	सखीनाम् 7.1.54 6.4.3
7	सख्यौ 7.3.119 6.1.88	सख्योः 6.1.77 8.2.66 8.3.15	सखिषु 8.3.59

1/1 2/1 3/1, 1/2 2/2 2/3, are different from हरि due to 7.1.92, 1/3 1/4 1/5 1/6 1/7 are different from हरि since 7.3.120 is not applied due to 1.4.7. Thus यण् sandhi gets applied.

गुरु Guru, Acharya, Master, Remover of Ignorance

गुरु	ग् उ र् उ = उकारान्तः	m
V हे	गुरो 7.3.108 6.1.69	गुरू	गुरवः
1	गुरुः 8.2.66 8.3.15	गुरू 6.1.102	गुरवः 7.3.109 6.1.105 6.1.78 8.2.66 8.3.15
2	गुरुम् 6.1.107	गुरू 6.1.102	गुरून् 6.1.102 6.1.103
3	गुरुणा 7.3.120 8.4.2	गुरुभ्याम्	गुरुभिः 8.2.66 8.3.15
4	गुरवे 7.3.111 6.1.78	गुरुभ्याम्	गुरुभ्यः 8.2.66 8.3.15
5	गुरोः 7.3.111 6.1.110 8.2.66 8.3.15	गुरुभ्याम्	गुरुभ्यः 8.2.66 8.3.15
6	गुरोः 7.3.111 6.1.110 8.2.66 8.3.15	गुर्वोः 6.1.77 8.2.66 8.3.15	गुरूणाम् 7.1.54 6.4.3 8.4.2
7	गुरौ 7.3.119 6.1.88	गुर्वोः 6.1.77 8.2.66 8.3.15	गुरुषु 8.3.59
Teacher, preceptor, visionary, advisor			
शम्भु Shiva, विष्णु Vishnu, भानु sun, सूनु son			
In 3/1, 4/1, 6/2, 7/2 we see appearance of वकार । It is the samprasarana equivalent of उकार ।			

दातृ Donatee, Giver of Charity, Lord who fulfills

दातृ	द् आ त् ऋ = ऋकारान्तः		m
V हे	दातः 2.3.49 7.3.110 1.1.51 6.1.68 8.3.15	दातारौ	दातारः
1	दाता 7.1.94 6.4.8 6.1.68 8.2.7	दातारौ 7.3.110 1.1.51 6.4.11	दातारः 7.3.110 1.1.51 6.4.11 8.2.66 8.3.15
2	दातारम् 7.3.110 1.1.51 6.4.11	दातारौ 7.3.110 1.1.51 6.4.11	दातॄन् 6.1.102 6.1.103
3	दात्रा 6.1.77	दातृभ्याम्	दातृभिः 8.2.66 8.3.15
4	दात्रे 6.1.77	दातृभ्याम्	दातृभ्यः 8.2.66 8.3.15
5	दातुः 6.1.111 8.2.24 8.3.15	दातृभ्याम्	दातृभ्यः 8.2.66 8.3.15
6	दातुः 6.1.111 8.2.24 8.3.15	दात्रोः 6.1.77 8.2.66 8.3.15	दातॄणाम् 7.1.54 6.4.8 8.4.1 Vartika
7	दातरि 7.3.110 1.1.51	दात्रोः 6.1.77 8.2.66 8.3.15	दातृषु 8.3.59

नेतृ leader, कर्तृ doer, धातृ Creator, वक्तृ speaker, नप्तृ grandson. In 1/2 1/3 2/1 2/2 3/1 4/1 6/2 7/1 7/2 we see appearance of रेफ, samprasarana equivalent of ऋकार ।

This is the template for Agent nouns, formed from dhatus. Almost all the 1943 dhatus can be used in this way, in the sense of Doership.

These nouns form their feminine by addition of ई e.g. दात्री, नेत्री, धात्री, कर्त्री and decline like नदी ।

पितृ Father, Guardian, head of family

पितृ	प् इ त् ऋ = ऋकारान्तः		m
V हे	पितः 2.3.49 7.3.110 1.1.51 6.1.68 8.3.15	पितरौ 7.3.110 1.1.51	पितरः 7.3.110 1.1.51 8.2.66 8.3.15
1	पिता 7.1.94 6.4.8 6.1.68 8.2.7	पितरौ 7.3.110 1.1.51	पितरः 7.3.110 1.1.51 8.2.66 8.3.15
2	पितरम् 7.3.110 1.1.51	पितरौ 7.3.110 1.1.51	पितॄन् 6.1.102 6.1.103
3	पित्रा 6.1.77	पितृभ्याम्	पितृभिः
4	पित्रे 6.1.77	पितृभ्याम्	पितृभ्यः
5	पितुः 6.1.111 1.1.51 8.2.24 8.3.15	पितृभ्याम्	पितृभ्यः
6	पितुः 6.1.111 1.1.51 8.2.24 8.3.15	पित्रोः 6.1.77 8.2.66 8.3.15	पितॄणाम् 7.1.54 6.4.3
7	पितरि 7.3.110 1.1.51	पित्रोः 6.1.77 8.2.66 8.3.15	पितृषु 8.3.59
Identical to दातृ except for 1/2 1/3 2/2			
भ्रातृ brother, जामातृ son-in-law, देवृ husband's brother. Also other family relationships, सव्येष्टृ charioteer			
नृ man, declines identical to पितृ except its 6/3 case has the optional forms नृणाम् and नॄणाम् by 6.4.6			
नप्तृ grandson, declines like दातृ due to 6.4.11			

This is the template for family relationship nouns.

रै Resources, Wealth

रै	र् ऐ = ऐकारान्तः		m, f
V हे	राः	रायौ	रायः
1	राः 7.2.85 8.2.66 8.3.15	रायौ 6.1.105 6.1.78	रायः 6.1.105 6.1.78 8.2.66 8.3.15
2	रायम् 6.1.78	रायौ 6.1.105 6.1.78	रायः 6.1.105 6.1.78 8.2.66 8.3.15
3	राया 6.1.78	राभ्याम् 7.2.85	राभिः 7.2.85 8.2.66 8.3.15
4	राये 6.1.78	राभ्याम् 7.2.85	राभ्यः 7.2.85 8.2.66 8.3.15
5	रायः 6.1.78 8.2.66 8.3.15	राभ्याम् 7.2.85	राभ्यः 7.2.85 8.2.66 8.3.15
6	रायः 6.1.78 8.2.66 8.3.15	रायोः 6.1.78 8.2.66 8.3.15	रायाम् 6.1.78
7	रायि 6.1.78	रायोः 6.1.78 8.2.66 8.3.15	रासु 7.2.85

This word रै is used both in masculine sense and feminine sense. The declension is as above.

गो Bull, Cow, Ox

गो	ग् ओ = ओकारान्तः		m, f
V हे	गौः	गावौ	गावः
1	गौः 7.1.90 7.2.115 8.2.66 8.3.15	गावौ 7.1.90 7.2.115 6.1.105 6.1.78	गावः 7.1.90 7.2.115 6.1.105 6.1.78 8.2.66 8.3.15
2	गाम् 6.1.93	गावौ 7.1.90 7.2.115 6.1.105 6.1.78	गाः 6.1.93 8.2.66 8.3.15
3	गवा 6.1.78	गोभ्याम्	गोभिः 8.2.66 8.3.15
4	गवे 6.1.78	गोभ्याम्	गोभ्यः 8.2.66 8.3.15
5	गोः 6.1.110 8.2.66 8.3.15	गोभ्याम्	गोभ्यः 8.2.66 8.3.15
6	गोः 6.1.110 8.2.66 8.3.15	गवोः 6.1.78 8.2.66 8.3.15	गवाम् 6.1.78
7	गवि 6.1.78	गवोः 6.1.78 8.2.66 8.3.15	गोषु 8.3.59

This word गो is used both in masculine and feminine. The declension is as above.

ग्लौ Moon, Pleasant Shining Light, Nourisher

ग्लौ	ग् ल् औ = औकारान्तः		m
V हे	ग्लौः	ग्लावौ	ग्लावः
1	ग्लौः 8.2.66 8.3.15	ग्लावौ 6.1.105 6.1.78	ग्लावः 6.1.105 6.1.78 8.2.66 8.3.15
2	ग्लावम् 6.1.78	ग्लावौ 6.1.105 6.1.78	ग्लावः 6.1.78 8.2.66 8.3.15
3	ग्लावा 6.1.78	ग्लौभ्याम्	ग्लौभिः 8.2.66 8.3.15
4	ग्लावे 6.1.78	ग्लौभ्याम्	ग्लौभ्यः 8.2.66 8.3.15
5	ग्लावः 6.1.78 8.2.66 8.3.15	ग्लौभ्याम्	ग्लौभ्यः 8.2.66 8.3.15
6	ग्लावः 6.1.78 8.2.66 8.3.15	ग्लावोः 6.1.78 8.2.66 8.3.15	ग्लावाम् 6.1.78
7	ग्लावि 6.1.78	ग्लावोः 6.1.78 8.2.66 8.3.15	ग्लौषु 8.3.59

Feminine आ इ ई उ ऊ ऋ ऐ ओ औ stem final Vowel

अजन्तः स्त्रीलिङ्गः शब्दाः wrt Maheshwar Sutras

आ, इ, ई	अ इ उ ण्	1
उ, ऊ, ऋ	ऋ ऌ क्	2
ऐ	ए ओ ङ्	3
ओ, औ	ऐ औ च्	4
	हयवरट्	5
	लँण्	6
	ञमङणनम्	7
	झभञ्	8
	घढधष्	9
	जबगडदश्	10
	खफछठथचटतव्	11
	कपय्	12
	शषसर्	13
	हल्	14

Note

- अकारान्त words are Masculine or Neuter. Feminine words will be आकारान्त or ईकारान्त generally
- Feminine stems in ऐ ओ औ decline identically as their masculine counterparts
- Feminine आ affixes टाप् डाप् चाप् by 4.1.4, 4.1.13, 4.1.74
- Feminine ई affixes ङीप् ङीष् ङीन् by 4.1.5, 4.1.25, 4.1.73

रमा Consort of Lord, Goddess of Wealth, Fair Maiden

रमा	र् अ म् आ = आकारान्तः		f
V हे	रमे 7.3.106 6.1.69	रमे	रमाः
1	रमा 6.1.68	रमे 7.1.18 6.1.87	रमाः 6.1.105 6.1.101 8.2.66 8.3.15
2	रमाम् 6.1.107	रमे 7.1.18 6.1.87	रमाः 6.1.102 8.2.66 8.3.15
3	रमया 7.3.105 6.1.78	रमाभ्याम्	रमाभिः 8.2.66 8.3.15
4	रमायै 7.3.113 6.1.88	रमाभ्याम्	रमाभ्यः 8.2.66 8.3.15
5	रमायाः 7.3.113 6.1.101 8.2.66 8.3.15	रमाभ्याम्	रमाभ्यः 8.2.66 8.3.15
6	रमायाः 7.3.113 6.1.101 8.2.66 8.3.15	रमयोः 7.3.105 6.1.78 8.2.66 8.3.15	रमाणाम् 7.1.54 6.4.3 8.4.2
7	रमायाम् 7.3.116 7.3.113 6.1.101	रमयोः 7.3.105 6.1.78 8.2.66 8.3.15	रमासु

लता creeper, माला garland, सीता Sita, क्षमा forgiveness, लज्जा shame. Stems अम्बा अक्का अल्ला = mother, decline identical to रमा except for Vocative 1/1 which is हे अम्ब, हे अक्क, हे अल्ल resp. by 7.3.107

For words that are used in the feminine sense, after the pratipadika has been constructed by a कृत् affix, it is made feminine by adding the आ affix.

4.1.4 अजाद्यतष्टाप् । टाप् = ट् आ प् । Without Tag letters it is आ affix.

मति Intellect, thought, reasoning, opinion

मति	म् अ त् इ = इकारान्तः		f
V हे	मते 7.3.108 6.1.69	मती	मतयः
1	मतिः 8.2.66 8.3.15	मती 6.1.102	मतयः 7.3.109 6.1.105 6.1.68 8.2.66 8.3.15
2	मतिम् 6.1.107	मती 6.1.102	मतीः 6.1.102 8.2.66 8.3.15
3	मत्या 6.1.77	मतिभ्याम्	मतिभिः 8.2.66 8.3.15
4	मत्यै / मतये 7.3.112 6.1.90 6.1.77 / 1.4.7 7.3.111 6.1.78	मतिभ्याम्	मतिभ्यः 8.2.66 8.3.15
5	मत्याः / मतेः 7.3.112 6.1.90 6.1.77 / 1.4.7 7.3.111 6.1.110	मतिभ्याम्	मतिभ्यः 8.2.66 8.3.15
6	मत्याः / मतेः 7.3.112 6.1.90 6.1.77 8.2.66 8.3.15 / 1.4.7 7.3.111 6.1.110 8.2.66 8.3.15	मत्योः 6.1.77 8.2.66 8.3.15	मतीनाम् 7.1.54 6.4.3
7	मत्याम् / मतौ 7.3.112 6.1.90 6.1.77 8.2.66 8.3.15 / 1.4.7 7.3.111 6.1.110 8.2.66 8.3.15	मत्योः 6.1.77 8.2.66 8.3.15	मतिषु 8.3.59
श्रुति Lord's voice, Vedas, रुचि taste, बुद्धि intellect, रात्रि night				
Template for abstract nouns in ति e.g. गति evolution, next life, कृति product, accomplishment, सृष्टि universe, creation				
4/1, 5/1, 6/1, 7/1 have two forms. This is generally true for feminine words ending in इ or उ ।				

4/1 Declension Process

मति ए 7.3.112 मति आ ए 6.1.90 मति ऐ 6.1.77 = मत्य् ऐ = मत्यै । or

मति ए 7.3.111 मते ए 6.1.78 मतय् ए = मतये ।

5/1, 6/1 Declension Process

मति अस् 7.3.112 मति आ अस् 6.1.90 मति आस् 6.1.77 = मत्य् आस् = मत्याः ।

मति अस् 7.3.111 मते अस् 6.1.110 मते स् 8.2.66 8.3.15 मतेः ।

7/1 Declension Process

मति इ 7.3.117 मति आम् 7.3.112 मति आ आम् 6.1.90 मति आम् 6.1.77 = मत्य् आम् = मत्याम् । or

मति इ 7.3.119 मत औ 6.1.88 मतौ ।

लक्ष्मी	ई	f
हे लक्ष्मि	हे लक्ष्म्यौ	हे लक्ष्म्यः
लक्ष्मीः	लक्ष्म्यौ	लक्ष्म्यः
लक्ष्मीम्	लक्ष्म्यौ	लक्ष्मीः
लक्ष्म्या	लक्ष्मीभ्यां	लक्ष्मीभिः
लक्ष्म्यै	लक्ष्मीभ्यां	लक्ष्मीभ्यः
लक्ष्म्याः	लक्ष्मीभ्यां	लक्ष्मीभ्यः
लक्ष्म्याः	लक्ष्म्योः	लक्ष्मीनां
लक्ष्म्यां	लक्ष्म्योः	लक्ष्मीषु
The stem लक्ष्मी is not affixed with ङीप् / ङीष् / ङीन् , hence 6.1.68 doesn't apply. Thus Nominative 1/1 form is different from नदी । लक्ष्मी = Root लक्ष् + मुट् + ई Unadi Affix		

नदी River, flowing current

नदी	न् अ द् ई = ईकारान्तः		f
V हे	नदि 7.3.107 6.1.69	नद्यौ	नद्यः
1	नदी 6.1.68	नद्यौ 6.1.105 6.1.77	नद्यः 6.1.105 6.1.77 8.2.66 8.3.15
2	नदीम् 6.1.107	नद्यौ 6.1.105 6.1.77	नदीः 6.1.102 8.2.66 8.3.15
3	नद्या 6.1.77	नदीभ्याम्	नदीभिः 8.2.66 8.3.15
4	नद्यै 7.3.112 6.1.90 6.1.77	नदीभ्याम्	नदीभ्यः 8.2.66 8.3.15
5	नद्याः 7.3.112 6.1.90 6.1.77 8.2.66 8.3.15	नदीभ्याम्	नदीभ्यः 8.2.66 8.3.15
6	नद्याः 7.3.112 6.1.90 6.1.77 8.2.66 8.3.15	नद्योः 6.1.77 8.2.66 8.3.15	नदीनाम् 7.1.54 6.4.3
7	नद्याम् 7.3.116 6.1.77	नद्योः 6.1.77 8.2.66 8.3.15	नदीषु 8.3.59

गौरी lovely maiden, पार्वती Parvati/goddess of strength, सरस्वती goddess of wisdom, वाणी speech, सखी girl friend, देवी goddess

Template for feminine agent nouns in ई, eg कर्त्री doer, दात्री giver

4/1 = नदी ए 7.3.112 नदी आ ए 6.1.90 नदी ऐ 6.1.77 नद्य् ऐ = नद्यै ।

लक्ष्मी Lakshmi, goddess of fortune, अवी sun/air, तरी boat, तन्त्री lute, these stems decline identical to नदी except for 1/1 which is लक्ष्मीः अवीः तरीः तन्त्रीः since 6.1.68 doesn't apply as these stems are not ending in ङीप् / ङीष् / ङीन् affixes.

Also refer Karika that gives the seven stems not affixed with ङीप् / ङीष् / ङीन् , and so 6.1.68 doesn't apply.

अवी-तन्त्री-तरी-लक्ष्मी-ह्री-श्री-धी-नाम् उणादिषु । सप्तानाम् अपि शब्दानां सुँलोपो न कदाचन ॥ These stems are made from Unadi affixes.

श्री endowed with Wealth, Resourceful

श्री	श् र् ई = ईकारान्तः		f
V हे	श्रीः 1.4.4 8.2.66 8.3.15	श्रियौ	श्रियः
1	श्रीः 1.4.4 8.2.66 8.3.15	श्रियौ 1.4.4 6.4.77	श्रियः 6.4.77 8.2.66 8.3.15
2	श्रियम् 1.4.4 6.4.77	श्रियौ 1.4.4 6.4.77	श्रियः 6.4.77 8.2.66 8.3.15
3	श्रिया 1.4.4 6.4.77	श्रीभ्याम्	श्रीभिः 8.2.66 8.3.15
4	श्रियै / श्रिये 1.4.6 7.3.112 6.1.90 6.4.77 / 6.4.77	श्रीभ्याम्	श्रीभ्यः 8.2.66 8.3.15
5	श्रीयाः / श्रियः 1.4.6 6.1.90 6.4.77 8.2.66 8.3.15 / 6.4.77 8.2.66 8.3.15	श्रीभ्याम्	श्रीभ्यः 8.2.66 8.3.15
6	श्रीयाः / श्रियः 1.4.6 6.1.90 6.4.77 8.2.66 8.3.15 / 6.4.77 8.2.66 8.3.15	श्रियोः 6.4.77 8.2.66 8.3.15	श्रीणाम् / श्रियाम् 1.4.5 7.1.54 6.4.3 / 6.4.77
7	श्रियाम् / श्रियि 1.4.6 7.3.116 7.3.112 6.1.90 6.4.77 / 6.4.77	श्रियोः 6.4.77 8.2.66 8.3.15	श्रीषु 8.3.59
ह्री shame,धी intellect, भी fear			
6.1.68 doesn't apply as these stems are not ending in ङीप् / ङीष् / ङीन् affixes. 4/1 श्री ए 7.3.112 श्री आ ए 6.1.90 श्री ऐ 6.4.77 श्रिय् ऐ = श्रियै			

स्त्री woman, one needing an anchor, wife

स्त्री	स् त् र् ई = ईकारान्तः		f
V हे	स्त्रि 1.4.4 7.3.107 6.1.69	स्त्रियौ	स्त्रियः
1	स्त्री 6.1.68	स्त्रियौ 6.4.79	स्त्रियः 6.4.77 8.2.66 8.3.15
2	स्त्रियम् / स्त्रीम् 6.4.80 / 6.1.107	स्त्रियौ 6.4.79	स्त्रियः / स्त्रीः 6.4.80 8.2.66 8.3.15 / 6.1.102 8.2.66 8.3.15
3	स्त्रिया 6.4.79	स्त्रीभ्याम्	स्त्रीभिः 8.2.66 8.3.15
4	स्त्रियै 1.4.4 7.3.112 6.1.90 6.4.79	स्त्रीभ्याम्	स्त्रीभ्यः 8.2.66 8.3.15
5	स्त्रियाः 1.4.4 7.3.112 6.1.90 6.4.79 8.2.66 8.3.15	स्त्रीभ्याम्	स्त्रीभ्यः 8.2.66 8.3.15
6	स्त्रियाः 1.4.4 7.3.112 6.1.90 6.4.79 8.2.66 8.3.15	स्त्रियोः 6.4.79 8.2.66 8.3.15	स्त्रीणाम् 7.1.54 6.4.3 8.4.2
7	स्त्रियाम् 1.4.4 7.3.116 7.3.112 6.1.90 6.4.79	स्त्रियोः 6.4.79 8.2.66 8.3.15	स्त्रीषु 8.3.59

4/1 = स्त्री ए 7.3.112 स्त्री आ ए 6.1.90 स्त्री ऐ 6.4.79 स्त्रिय् ऐ = स्त्रियै ।

5/1, 6/1 = स्त्री अस् 7.3.112 स्त्री आ अस् 6.1.90 स्त्री आस् 6.4.79 स्त्रिय् आस् 8.2.66 स्त्रियार् 8.3.15 स्त्रियाः ।

7/1 = स्त्री इ 7.3.116 स्त्री आम् 7.3.112 स्त्री आ आम् 6.1.90 स्त्री आम् 6.4.79 स्त्रिय् आम् = स्त्रियाम् ।

धेनु Cow, milch animal

धेनु	ध् ए न् उ = उकारान्तः		f
V हे	धेनो 7.3.108 6.1.69	धेनू	धेनवः
1	धेनुः 8.2.66 8.3.15	धेनू 6.1.102	धेनवः 7.3.109 6.1.105 6.1.68 8.2.66 8.3.15
2	धेनुम् 6.1.107	धेनू 6.1.102	धेनूः 6.1.102 8.2.66 8.3.15
3	धेन्वा 6.1.77	धेनुभ्याम्	धेनुभिः 8.2.66 8.3.15
4	धेन्वै / धेनवे 7.3.112 6.1.90 6.1.77 / 1.4.7 7.3.111 6.1.78	धेनुभ्याम्	धेनुभ्यः 8.2.66 8.3.15
5	धेन्वाः / धेनोः 7.3.112 6.1.90 6.1.77 / 1.4.7 7.3.111 6.1.110	धेनुभ्याम्	धेनुभ्यः 8.2.66 8.3.15
6	धेन्वाः / धेनोः 7.3.112 6.1.90 6.1.77 8.2.66 8.3.15 / 1.4.7 7.3.111 6.1.110 8.2.66 8.3.15	धेन्वोः 6.1.77 8.2.66 8.3.15	धेनूनाम् 7.1.54 6.4.3
7	धेन्वाम् / धेनौ 7.3.112 6.1.90 6.1.77 8.2.66 8.3.15 / 1.4.7 7.3.111 6.1.110 8.2.66 8.3.15	धेन्वोः 6.1.77 8.2.66 8.3.15	धेनुषु 8.3.59
तनु body, इषु arrow, रज्जु rope, चञ्चु beak			
4/1, 5/1, 6/1, 7/1 have two forms. This is generally true for feminine words ending in इ or उ ।			

As we can see, धेनु and मति decline similarly in all cases.

वधू bride, newly wed girl, one who manages home

वधू	व् अ ध् ऊ = ऊकारान्तः		f
V हे	वधु 7.3.107 6.1.69	वध्वौ	वध्वः
1	वधूः 8.2.66 8.3.15	वध्वौ 6.1.105 6.1.77	वध्वः 6.1.105 6.1.77 8.2.66 8.3.15
2	वधूम् 6.1.107	वध्वौ 6.1.105 6.1.77	वधूः 6.1.102 8.2.66 8.3.15
3	वध्वा 6.1.77	वधूभ्याम्	वधूभिः 8.2.66 8.3.15
4	वध्वै 7.3.112 6.1.90 6.1.77	वधूभ्याम्	वधूभ्यः 8.2.66 8.3.15
5	वध्वाः 7.3.112 6.1.90 6.1.77 8.2.66 8.3.15	वधूभ्याम्	वधूभ्यः 8.2.66 8.3.15
6	वध्वाः 7.3.112 6.1.90 6.1.77 8.2.66 8.3.15	वध्वोः 6.1.77 8.2.66 8.3.15	वधूनाम् 7.1.54 6.4.3
7	वध्वाम् 7.3.116 6.1.77	वध्वोः 6.1.77 8.2.66 8.3.15	वधूषु 8.3.59
चमू army, श्वश्रू mother-in-law			
Declines similar to नदी except for Nominative 1/1. Here 6.1.68 doesn't apply as वधू doesn't end in ङीप् / ङीष् / ङीन् affixes.			

भू earth, planet that sustains life

भू	भ् ऊ = ऊकारान्तः		f
V हे	भूः 1.4.4 8.2.66 8.3.15	भुवौ	भुवः
1	भूः 1.4.4 8.2.66 8.3.15	भुवौ 1.4.4 6.4.77	भुवः 6.4.77 8.2.66 8.3.15
2	भुवम् 1.4.4 6.4.77	भुवौ 1.4.4 6.4.77	भुवः 6.4.77 8.2.66 8.3.15
3	भुवा 1.4.4 6.4.77	भूभ्याम्	भूभिः 8.2.66 8.3.15
4	भुवै / भुवे 1.4.6 7.3.112 6.1.90 6.4.77 / 6.4.77	भूभ्याम्	भूभ्यः 8.2.66 8.3.15
5	भुवाः / भुवः 1.4.6 6.1.90 6.4.77 8.2.66 8.3.15 / 6.4.77 8.2.66 8.3.15	भूभ्याम्	भूभ्यः 8.2.66 8.3.15
6	भुवाः / भुवः 1.4.6 6.1.90 6.4.77 8.2.66 8.3.15 / 6.4.77 8.2.66 8.3.15	भुवोः 6.4.77 8.2.66 8.3.15	भूनाम् / भुवाम् 1.4.5 7.1.54 6.4.3 / 6.4.77
7	भुवाम् / भुवि 1.4.6 7.3.116 7.3.112 6.1.90 6.4.77 / 6.4.77	भुवोः 6.4.77 8.2.66 8.3.15	भूषु 8.3.59
भ्रू eyebrow, सुभ्रू maiden with expressive eyelashes			
Declines similar to श्री in all cases.			

स्वसृ Sister, affectionate girl

स्वसृ	स् व् अ स् ऋ = ऋकारान्तः		m
V हे	स्वसः 2.3.49 7.3.110 1.1.51 6.1.68 8.3.15	स्वसारौ	स्वसारः
1	स्वसा 7.1.94 6.4.8 6.1.68 8.2.7	स्वसारौ 7.3.110 1.1.51 6.4.11	स्वसारः 7.3.110 1.1.51 8.2.66 8.3.15
2	स्वसारम् 7.3.110 1.1.51 6.4.11	स्वसारौ 7.3.110 1.1.51 6.4.11	स्वसॄः 6.1.102 8.2.66 8.3.15
3	स्वस्रा 6.1.77	स्वसृभ्याम्	स्वसृभिः 8.2.66 8.3.15
4	स्वस्रे 6.1.77	स्वसृभ्याम्	स्वसृभ्यः 8.2.66 8.3.15
5	स्वसुः 6.1.111 8.2.24 8.3.15	स्वसृभ्याम्	स्वसृभ्यः 8.2.66 8.3.15
6	स्वसुः 6.1.111 8.2.24 8.3.15	स्वस्रोः 6.1.77 8.2.66 8.3.15	स्वसॄणाम् 7.1.54 6.4.3 8.4.1 Vartika
7	स्वसरि 7.3.110 1.1.51	स्वस्रोः 6.1.77 8.2.66 8.3.15	स्वसृषु 8.3.59
Identical to दातृ except for Accusative 2/3 where 6.1.103 didn't apply.			
By 4.1.10 stems स्वसृ तिसृ चतसृ ननान्दृ दुहितृ यातृ मातृ are not affixed with 4.1.5 ङीप् affix. These are feminine by default.			
In 1/2 1/3 2/1 2/2 3/1 4/1 6/2 7/1 7/2 we see appearance of रेफ, samprasarana equivalent of ऋकार ।			
for 6/3 Sutra 8.4.1 Vartika **ऋवर्णाच्चेति वक्तव्यम्** ।			

मातृ Mother, giver of birth

मातृ	म् आ त् ऋ = ऋकारान्तः		m
V हे	मातः 2.3.49 7.3.110 1.1.51 6.1.68 8.3.15	मातरौ 7.3.110 1.1.51	मातरः 7.3.110 1.1.51 8.2.66 8.3.15
1	माता 7.1.94 6.4.8 6.1.68 8.2.7	मातरौ 7.3.110 1.1.51	मातरः 7.3.110 1.1.51 8.2.66 8.3.15
2	मातरम् 7.3.110 1.1.51	मातरौ 7.3.110 1.1.51	मातॄः 6.1.102 8.2.66 8.3.15
3	मात्रा 6.1.77	मातृभ्याम्	मातृभिः
4	मात्रे 6.1.77	मातृभ्याम्	मातृभ्यः
5	मातुः 6.1.111 1.1.51 8.2.24 8.3.15	मातृभ्याम्	मातृभ्यः
6	मातुः 6.1.111 1.1.51 8.2.24 8.3.15	मात्रोः 6.1.77 8.2.66 8.3.15	मातॄणाम् 7.1.54 6.4.3
7	मातरि 7.3.110 1.1.51	मात्रोः 6.1.77 8.2.66 8.3.15	मातृषु 8.3.59
Identical to पितृ except for 2/3 where 6.1.103 didn't apply.			
यातृ pilgrim/tourist, दुहितृ daughter, ननान्दृ husband's sister/aunt. Also other family relationships in feminine.			
By 4.1.10 stems स्वसृ तिसृ चतसृ ननान्दृ दुहितृ यातृ मातृ are not affixed with 4.1.5 ङीप् affix. These are feminine by default.			

रै Resources, Wealth

रै	र् ऐ = ऐकारान्तः		m, f
V हे	राः	रायौ	रायः
1	राः 7.2.85 8.2.66 8.3.15	रायौ 6.1.105 6.1.78	रायः 6.1.105 6.1.78 8.2.66 8.3.15
2	रायम् 6.1.78	रायौ 6.1.105 6.1.78	रायः 6.1.105 6.1.78 8.2.66 8.3.15
3	राया 6.1.78	राभ्याम् 7.2.85	राभिः 7.2.85 8.2.66 8.3.15
4	राये 6.1.78	राभ्याम् 7.2.85	राभ्यः 7.2.85 8.2.66 8.3.15
5	रायः 6.1.78 8.2.66 8.3.15	राभ्याम् 7.2.85	राभ्यः 7.2.85 8.2.66 8.3.15
6	रायः 6.1.78 8.2.66 8.3.15	रायोः 6.1.78 8.2.66 8.3.15	रायाम् 6.1.78
7	रायि 6.1.78	रायोः 6.1.78 8.2.66 8.3.15	रासु 7.2.85

This word रै is used both in masculine sense and feminine sense. The declension is as above.

गो Bull, Cow, Ox

गो	ग् ओ = ओकारान्तः		m, f
V हे	गौः	गावौ	गावः
1	गौः 7.1.90 7.2.115 8.2.66 8.3.15	गावौ 7.1.90 7.2.115 6.1.105 6.1.78	गावः 7.1.90 7.2.115 6.1.105 6.1.78 8.2.66 8.3.15
2	गाम् 6.1.93	गावौ 7.1.90 7.2.115 6.1.105 6.1.78	गाः 6.1.93 8.2.66 8.3.15
3	गवा 6.1.78	गोभ्याम्	गोभिः 8.2.66 8.3.15
4	गवे 6.1.78	गोभ्याम्	गोभ्यः 8.2.66 8.3.15
5	गोः 6.1.110 8.2.66 8.3.15	गोभ्याम्	गोभ्यः 8.2.66 8.3.15
6	गोः 6.1.110 8.2.66 8.3.15	गवोः 6.1.78 8.2.66 8.3.15	गवाम् 6.1.78
7	गवि 6.1.78	गवोः 6.1.78 8.2.66 8.3.15	गोषु 8.3.59

This word गो is used both in masculine and feminine. The declension is as above.

Similar feminine stem द्यो = sky, heaven

द्यौः द्यावौ द्यावः । द्याम् द्यावौ द्याः । द्यवा द्योभ्याम् द्योभ्यः । द्यवे द्योभ्याम् द्योभिः । द्योः द्योभ्याम् द्योभिः । द्योः द्यवोः द्यवाम् । द्यवि द्यवोः द्योषु ।

नौ Boat, ferry

नौ	न् औ = औकारान्तः		f
V हे	नौः	नावौ	नावः
1	नौः 8.2.66 8.3.15	नावौ 6.1.105 6.1.78	नावः 6.1.105 6.1.78 8.2.66 8.3.15
2	नावम् 6.1.78	नावौ 6.1.105 6.1.78	नावः 6.1.78 8.2.66 8.3.15
3	नावा 6.1.78	नौभ्याम्	नौभिः 8.2.66 8.3.15
4	नावे 6.1.78	नौभ्याम्	नौभ्यः 8.2.66 8.3.15
5	नावः 6.1.78 8.2.66 8.3.15	नौभ्याम्	नौभ्यः 8.2.66 8.3.15
6	नावः 6.1.78 8.2.66 8.3.15	नावोः 6.1.78 8.2.66 8.3.15	नावाम् 6.1.78
7	नावि 6.1.78	नावोः 6.1.78 8.2.66 8.3.15	नौषु 8.3.59

Neuter अ इ उ ऋ stem final Vowel

अजन्तः नपुंसकलिङ्गः शब्दाः wrt Maheshwar Sutras

अ , इ , उ	अ इ उ ण्	1
ऋ	ऋ ऌ क्	2
	ए ओ ङ्	3
	ऐ औ च्	4
	ह य व र ट्	5
	ल ँण्	6
	ञ म ङ ण न म्	7
	झ भ ञ्	8
	घ ढ ध ष्	9
	ज ब ग ड द श्	10
	ख फ छ ठ थ च ट त व्	11
	क प य्	12
	श ष स र्	13
	ह ल्	14

- Vowel ending Neuter stems will be in short vowel by 1.2.47
- Diphthong ending words are only Masculine or Feminine. Neuter words do not end in ए , ऐ , ओ , औ ।
- Neuter stems decline identical to their Masculine counterparts in 3rd to 7th case.
- 2nd case is identical to 1st case by modified affixes - ई इ ।
- For अकारान्त neuter, 1st & 2nd case are identical by modified affixes अम् ई इ ।

फल fruit, natural delicacy

फल	फ् अ ल् अ	अकारान्तः	n
V हे	फल 2.3.49 7.1.24 6.1.107 6.1.69	फले	फलानि
1	फलम् 7.1.24 6.1.107	फले 7.1.19, 6.4.148 Vartika, 6.1.87	फलानि 7.1.20 1.1.42 1.1.55 7.1.72 1.1.47 6.4.8
2	फलम् 7.1.24 6.1.107	फले 7.1.19 6.1.87	फलानि 7.1.20 1.1.42 7.1.72 6.4.8
3	फलेन 7.1.12 6.1.87	फलाभ्याम् 7.3.102	फलैः 7.1.9 6.1.88 8.2.66 8.3.15
4	फलाय 7.1.13 7.3.102	फलाभ्याम् 7.3.102	फलेभ्यः 7.3.103 8.2.66 8.3.15
5	फलात् 7.1.12 6.1.101	फलाभ्याम् 7.3.102	फलेभ्यः 7.3.103 8.2.66 8.3.15
6	फलस्य 7.1.12	फलयोः 7.3.104 6.1.78 8.2.66 8.3.15	फलानाम् 7.1.54 6.4.3
7	फले 6.1.87	फलयोः 7.3.104 6.1.78 8.2.66 8.3.15	फलेषु 7.3.103 8.3.59

ज्ञान knowledge, wisdom, वन forest, धन wealth, नेत्र eye

अकारान्त neuter, 1st & 2nd case are identical by modified affixes अम् ई इ । All neuter words in अ decline same as राम for cases 3 to 7.

By 2.3.49 technical term सम्बुद्धिः means Vocative 1/1

Use of 6.4.8 is very typical wrt नुम् आगम, understand carefully.
6.4.8 applies to नान्त अङ्ग and नुम् is put **after final vowel** of anga.
1/3 फल इ 7.1.72 फल् अ न् इ = फलन् इ = नान्त अङ्ग = 6.4.8 = फलानि ।
1/3 जगत् इ 7.1.72 जग् अ न् त् इ = जगन्त इ = ~~नान्त अङ्ग~~ = ~~6.4.8~~ = जगन्ति ।

वारि water, clear liquid

वारि	व् आ र् इ	इकारान्तः	n
V हे	वारे / वारि 7.3.108 6.1.69 / 7.1.23	वारिणी	वारीणि
1	वारि 7.1.23	वारिणी 7.1.19 7.1.73 8.4.2	वारीणि 7.1.20 7.1.73 6.4.8 8.4.2
2	वारि 7.1.23	वारिणी 7.1.19 7.1.73 8.4.2	वारीणि 7.1.20 7.1.73 6.4.8 8.4.2
3	वारिणा 7.3.120 8.4.2	वारिभ्याम्‌	वारिभिः 8.2.66 8.3.15
4	वारिणे 7.1.73 8.4.2	वारिभ्याम्‌	वारिभ्यः 8.2.66 8.3.15
5	वारिणः 7.1.73 8.2.66 8.3.15 8.4.2	वारिभ्याम्‌	वारिभ्यः 8.2.66 8.3.15
6	वारिणः 7.1.73 8.2.66 8.3.15 8.4.2	वारिणोः 7.1.73 8.2.66 8.3.15 8.4.2	वारीणाम्‌ 7.1.54 6.4.3 8.4.2
7	वारिणि 7.1.73 8.4.2	वारिणोः 7.1.73 8.2.66 8.3.15 8.4.2	वारिषु 8.3.59

In neuter, 2nd case is identical to 1st case by modified affixes - ई इ ।

Neuter words ending in इ , उ , ऋ have two forms in the vocative singular V/1 because 7.3.108 and 7.1.23 apply

3/1 form वारिणा is due to internal Sandhi from वारिना = व् आ र् इ न् आ । Here इ occurs between र् and न् hence 8.4.2 अट्कुप्वाङ्नुम्व्यवायेऽपि applies to change न् to ण् । Similarly in other forms न् is replaced by ण् ।

दधि curd. yoghurt

दधि	द् अ ध् इ	इकारान्तः	n
V हे	दधे / दधि 7.3.108 6.1.69 / 7.1.23	दधिनी	दधीनि
1	दधि 7.1.23	दधिनी 7.1.19 7.1.73	दधीनि 7.1.20 7.1.73 6.4.8
2	दधि 7.1.23	दधिनी 7.1.19 7.1.73	दधीनि 7.1.20 7.1.73 6.4.8
3	दध्ना 7.1.75 6.4.134	दधिभ्यां	दधिभिः 8.2.66 8.3.15
4	दध्ने 7.1.75 6.4.134	दधिभ्यां	दधिभ्यः 8.2.66 8.3.15
5	दध्नः 7.1.75 6.4.134 8.2.66 8.3.15	दधिभ्यां	दधिभ्यः 8.2.66 8.3.15
6	दध्नः 7.1.75 6.4.134 8.2.66 8.3.15	दध्नोः 7.1.75 6.4.134 8.2.66 8.3.15	दध्नाम् 7.1.75 6.4.134
7	दध्नि / दधनि 7.1.75 6.4.134 / 7.1.75 6.4.136	दध्नोः 7.1.75 6.4.134 8.2.66 8.3.15	दधिषु 8.3.59

अस्थि bone, सक्थि thigh, अक्षि eye

3rd case onwards for अजादि affixes, the इ of दधि disappears by sutra 7.1.75 अस्थि-दधि-सक्थ्यक्ष्णामनङुदात्तः ।

शुचि pure, clean

शुचि	श् उ च् इ	इकारान्तः	n adjective
V हे	शचे / शुचि 7.3.108 6.1.69 / 7.1.23	शुचिनी	शुचीनि
1	शुचि 7.1.23	शुचिनी 7.1.19 7.1.73	शुचीनि 7.1.20 7.1.73 6.4.8
2	शुचि 7.1.23	शुचिनी 7.1.19 7.1.73	शुचीनि 7.1.20 7.1.73 6.4.8
3	शुचिना 7.3.120	शुचिभ्यां	शुचिभिः 8.2.66 8.3.15
4	शुचिने / शुचये 7.1.73 / 7.3.111 6.1.78	शुचिभ्यां	शुचिभ्यः 8.2.66 8.3.15
5	शुचिनः / शुचेः 7.1.73 8.2.66 8.3.15 / 7.3.111 6.1.110 8.2.66 8.3.15	शुचिभ्यां	शुचिभ्यः 8.2.66 8.3.15
6	शुचिनः / शुचेः 7.1.73 8.2.66 8.3.15 / 7.3.111 6.1.110 8.2.66 8.3.15	शुचिनोः / शुच्योः 7.1.73 8.2.66 8.3.15 / 6.1.77 8.2.66 8.3.15	शुचीनाम् 7.1.54 6.4.3
7	शुचिनि / शुचौ 7.1.73 / 7.3.119 6.1.88	शुचिनोः / शुच्योः 7.1.73 8.2.66 8.3.15 / 6.1.77 8.2.66 8.3.15	शुचिषु 8.3.59
अनादि having no beginning/timeless, सुरभि fragrant/sweet smell			
Template for adjectives in इ । Since adjectives can be used in all genders, hence Optional masculine forms are available.			
Notice that optional forms are same as masculine हरि			

गुरु heavy, bulky, stressful, weight bearing

गुरु	ग् उ र् उ	उकारान्तः	n adjective
V हे	गुरो / गुरु 7.3.108 6.1.69 / 7.1.23	गुरुणी	गुरूणि
1	गुरु 7.1.23	गुरुणी 7.1.19 7.1.73 8.4.2	गुरूणि 7.1.20 7.1.73 6.4.8 8.4.2
2	गुरु 7.1.23	गुरुणी 7.1.19 7.1.73 8.4.2	गुरूणि 7.1.20 7.1.73 6.4.8 8.4.2
3	गुरुणा 7.3.120 8.4.2	गुरुभ्याम्	गुरुभिः 8.2.66 8.3.15
4	गुरुणे / गुरवे 7.1.73 8.4.2 / 7.3.111 6.1.78	गुरुभ्याम्	गुरुभ्यः 8.2.66 8.3.15
5	गुरुणः / गुरोः 7.1.73 8.2.66 8.3.15 8.4.2 / 7.3.111 6.1.110 8.2.66 8.3.15	गुरुभ्याम्	गुरुभ्यः 8.2.66 8.3.15
6	गुरुणः / गुरोः 7.1.73 8.2.66 8.3.15 8.4.2 / 7.3.111 6.1.110 8.2.66 8.3.15	गुरुणोः / गुर्वोः 7.1.73 8.2.66 8.3.15 / 6.1.77 8.2.66 8.3.15	गुरूणाम् 7.1.54 6.4.3 8.4.2
7	गुरुणि / गुरौ 7.1.73 8.4.2 / 7.3.119 6.1.88	गुरुणोः / गुर्वोः 7.1.73 8.2.66 8.3.15 8.4.2 / 6.1.77 8.2.66 8.3.15	गुरुषु 8.3.59
मृदु soft, पृथु wide, पटु clever, लघु little			
Declines similar to शुचि			

Adjectives in neuter in इ, उ, ऋ e.g. शुचि, गुरु, दातृ have two forms in the singular for 4th, 5th, 6th, 7th cases, and in the dual for 6th, 7th cases. Herein notice that one form is identical to the masculine form, compare हरि, गुरु, दातृ ।

3/1 form गुरुणा is due to internal Sandhi from गुरुना = ग् उ र् उ न् आ । Here उ occurs between र् and न् hence 8.4.2 अट्कुप्वाङ्नुम्व्यवायेऽपि applies to change न् to ण् । Similarly in all other forms न् is replaced by ण् ।

मधु honey, natural sweetner

मधु	म् अ ध् उ	उकारान्तः	n
V हे	मधो / मधु 7.3.108 6.1.69 / 7.1.23	मधुनी	मधूनि
1	मधु 7.1.23	मधुनी 7.1.19 7.1.73	मधूनि 7.1.20 7.1.73 6.4.8
2	मधु 7.1.23	मधुनी 7.1.19 7.1.73	मधूनि 7.1.20 7.1.73 6.4.8
3	मधुना 7.3.120	मधुभ्याम्	मधुभिः 8.2.66 8.3.15
4	मधुने 7.1.73	मधुभ्याम्	मधुभ्यः 8.2.66 8.3.15
5	मधुनः 7.1.73 8.2.66 8.3.15	मधुभ्याम्	मधुभ्यः 8.2.66 8.3.15
6	मधुनः 7.1.73 8.2.66 8.3.15	मधुनोः 7.1.73 8.2.66 8.3.15	मधूनाम् 7.1.54 6.4.3
7	मधुनि 7.1.73	मधुनोः 7.1.73 8.2.66 8.3.15	मधुषु 8.3.59
अम्बु water, अश्रु teardrop, वस्तु thing, real thing, brahman, दारु wood				
Since this noun stem is only in neuter, hence Optional masculine forms are NOT available.				

दातृ That which gives, pot gives water

दातृ	द् आ त् ऋ	ऋकारान्तः	n adjective
V हे	दातः / दातृ 7.3.108 6.1.69 / 7.1.23	दातृणी	दातॄणी
1	दातृ 7.1.23	दातृणी 7.1.19 7.1.73 8.4.2	दातॄणी 7.1.20 7.1.73 6.4.8 8.4.2
2	दातृ 7.1.23	दातृणी 7.1.19 7.1.73 8.4.2	दातॄणी 7.1.20 7.1.73 6.4.8 8.4.2
3	दातृणा / दात्रा 7.3.120 8.4.2 / 6.1.77	दातृभ्याम्	दातृभिः 8.2.66 8.3.15
4	दातृणे / दात्रे 7.1.73 8.4.2 / 6.1.77	दातृभ्याम्	दातृभ्यः 8.2.66 8.3.15
5	दातृणः / दातुः 7.1.73 8.2.66 8.3.15 8.4.2 / 6.1.111 8.2.24 8.3.15	दातृभ्याम्	दातृभ्यः 8.2.66 8.3.15
6	दातृणः / दातुः 7.1.73 8.2.66 8.3.15 8.4.2 / 6.1.111 8.2.24 8.3.15	दातृणोः / दात्रोः 7.1.73 8.2.66 8.3.15 8.4.2 / 6.1.77 8.2.66 8.3.15	दातॄणाम् 7.1.54 6.4.3 8.4.2
7	दातृणि / दातरि 7.1.73 8.4.2 / 7.3.110 1.1.51	दातृणोः / दात्रोः 7.1.73 8.2.66 8.3.15 8.4.2 / 6.1.77 8.2.66 8.3.15	दातृषु 8.3.59
कर्तृ thing that does/robotic, गन्तृ thing that moves/vehicular, वक्तृ thing that sounds/transistor radio. Adjective usage, hence optional masculine form also 3rd case onwards.			

3/1 दातृ आ 7.3.120 दातृ ना 8.4.2 दातृणा । or दातृ आ 6.1.77 दात्रा ।

4/1 दातृ ए 7.1.73 दातृ न् ए 8.4.2 दातृणे । or दातृ ए 6.1.77 दात्रे ।

Masculine च् ज् त् द् न् श् ष् स् ह् stem final Consonant

हलन्तः पुंलिङ्गः प्रकरणम् wrt Maheswar Sutras and the Alphabet

	अ इ उ ण्	1	क	ख	ग	घ	ङ
	ऋ ऌ क्	2	च	छ	ज	झ	ञ
	ए ओ ङ्	3	ट	ठ	ड	ढ	ण
	ऐ औ च्	4	त	थ	द	ध	न
	हयवरट्	5	प	फ	ब	भ	म
	लँण्	6	य	र	ल	व	
न्	ञमङणनम्	7	श	ष	श		
	झभञ्	8	ह				
	घढधष्	9					
ज्, द्	जबगडदश्	10					
च्, त्	खफछठथचटतव्	11					
	कपय्	12					
श्, ष्, स्	शषसर्	13					
ह्	हल्	14					

- Stems with final consonant are much easier in declension process. Especially in singular case 2/1, 3/1, 4/1, 7/1, dual case 1/2, 2/2, there isn't anything to do. Also in 5/1, 6/1, and plural case 1/3, 2/3 we only apply sutras 8.2.66, 8.3.15 for Visarga.
- Out of optional forms by Sutra 8.4.56, only the form seen in literature is listed.

जलमुच् Cloud, airy ball of water

जलमुच्	च्	चकारान्तः	m	सुप् Affixes without Tag		
V हे	जलमुक्	जलमुचौ	जलमुचः	similar to case 1		
1	जलमुक् 8.2.30 6.1.68	जलमुचौ	जलमुचः 8.2.66 8.3.15	स्	औ	अस्
2	जलमुचम्	जलमुचौ	जलमुचः 8.2.66 8.3.15	अम्	औ	अस्
3	जलमुचा	जलमुग्भ्याम् 8.2.30 8.2.39	जलमुग्भिः 8.2.30 8.2.39	आ	भ्याम्	भिस्
4	जलमुचे	जलमुग्भ्याम् 8.2.30 8.2.39	जलमुग्भ्यः 8.2.30 8.2.39	ए	भ्याम्	भ्यस्
5	जलमुचः 8.2.66 8.3.15	जलमुग्भ्याम् 8.2.30 8.2.39	जलमुग्भ्यः 8.2.30 8.2.39	अस्	भ्याम्	भ्यस्
6	जलमुचः 8.2.66 8.3.15	जलमुचोः 8.2.66 8.3.15	जलमुचाम्	अस्	ओस्	आम्
7	जलमुचि	जलमुचोः 8.2.66 8.3.15	जलमुक्षु 1.4.17 8.2.30 8.3.59	इ	ओस्	सु
पयोमुच् cloud, सुवाच् eloquent						

1/1 जलमुच् स् 8.2.30 जलमुक् स् 6.1.68 जलमुक् ।

3/2 जलमुच् भ्याम् 8.2.30 जलमुक् भ्याम् 8.2.39 जलमुग् भ्याम् ।

7/3 जलमुच् सु 1.4.17 8.2.30 जलमुक् सु 8.3.59 जलमुक् षु = जलमुक्षु ।

वणिज् Merchant, trader

वणिज्	ज् = जकारान्तः		m
V हे	वणिक्	वणिजौ	वणिजः
1	वणिक् 8.2.30 8.4.55 6.1.68	वणिजौ	वणिजः 8.2.66 8.3.15
2	वणिजम्	वणिजौ	वणिजः 8.2.66 8.3.15
3	वणिजा	वणिग्भ्याम् 8.2.30	वणिग्भिः 8.2.30
4	वणिजे	वणिग्भ्याम् 8.2.30	वणिग्भ्यः 8.2.30
5	वणिजः 8.3.15 8.2.66	वणिग्भ्याम् 8.2.30	वणिग्भ्यः 8.2.30
6	वणिजः 8.3.15 8.2.66	वणिजोः 8.3.15 8.2.66	वणिजाम्
7	वणिजि	वणिजोः 8.3.15 8.2.66	वणिक्षु 8.2.30 8.4.55 8.3.59
भिषज् physician/doctor, हुतभुज् fire, ऋत्विज् priest doing havan/fire ritual			
वणिज् has same declension sutras as वाच् f			

1/1 वणिज् स् 8.2.30 वणिग् स् 8.4.55 वणिक् स् 6.1.68 वणिक् ।

3/2 वणिज् भ्याम् 8.2.30 वणिग् भ्याम् ।

7/3 वणिज् सु 8.2.30 वणिग् सु 8.4.55 वणिक् सु 8.3.59 वणिक् षु =वणिक्षु ।

राज् King, Head, President

Dhatu राज् ¹ᶜᵁ + क्विप् → stem राज्

राज्	जकारान्तः	ज्	m
V हे	राट्	राजौ	राजः
1	राट् 8.2.36 6.1.68 1.4.14 8.2.39 8.4.55	राजौ	राजः 8.2.66 8.3.15
2	राजम्	राजौ	राजः 8.2.66 8.3.15
3	राजा	राड्भ्याम् 8.2.36 8.2.39	राड्भिः 8.2.36 8.2.39 8.2.66 8.3.15
4	राजे	राड्भ्याम् 8.2.36 8.2.39	राड्भ्यः 8.2.36 8.2.39 8.2.66 8.3.15
5	राजः 8.2.66 8.3.15	राड्भ्याम् 8.2.36 8.2.39	राड्भ्यः 8.2.39 8.2.66 8.3.15
6	राजः 8.2.66 8.3.15	राजोः 8.2.66 8.3.15	राजाम्
7	राजि	राजोः 8.2.66 8.3.15	राट्सु 8.2.36 8.2.39 8.4.55
सम्राज् emperor, परिव्राज् ascetic, wanderer विश्वसृज् Creator, Lord			

1/1 राज् स् 8.2.36 राष् स् 6.1.68 राष् 1.4.14 8.2.39 राड् 8.4.55 राट् ।

Masculine stems त् ending

There are the 4 different declensions for तकारान्त masculine words as in मरुत् , पचत् , धीमत् and महत् ।

- धीमत् is Template for Dhatus to Adjectives
- पचत् is Template for शतृ / शानच् Present Participle Active Voice
- धीमत् is Template for क्तवत् Past Participle Active Voice
- पचत् is Template for क्त Past Participle Passive Voice

The feminine stems are formed with ई ending as

- पचत् = one who cooks, male पचन्ती = one who cooks, female
- धीमत् = intelligent one, male धीमती = intelligent one, female
- महत् = great one, male महती = great one, feminine

And all these feminine stems are declined as नदी

The template for PRESENT PARTICIPLE active voice

- पचत् m for masculine
- पचन्ती f for feminine (नदी)
- पचत् n for neuter (given elsewhere)

The template for PAST PARTICIPLE active voice क्तवत्

- धीमत् m for masculine
- धीमती f for feminine (नदी)
- धीमत् n for neuter (given elsewhere)

The template for PAST PARTICIPLE passive voice क्त(अ)
- पचतः m for masculine (राम)
- पचता f for feminine (रमा)
- पचम् n for neuter (फल)

PAST PARTICIPLE passive voice क्त ending examples
- बुद्धिमान् intelligent, धनवान् rich, कृतवान् one who has done
- भगवान् Divine, यावान् as much as, तावान् so much
- कियान् how much, इयान् to this extent, मघवान् Indra (Deva)

सत्	Root अस् 2cP = to be	त्	masculine
V हे	सन्	सन्तौ	सन्तः
1	सन्	सन्तौ	सन्तः
2	सन्तम्	सन्तौ	सतः
3	सता	सद्भ्याम्	सद्भिः
4	सते	सद्भ्याम्	सद्भ्यः
5	सतः	सद्भ्याम्	सद्भ्यः
6	सतः	सतोः	सताम्
7	सति	सतोः	सत्सु
one who is (soul), truth, to exist			
सति 7/1 = the one who is established in Truth = सति सप्तमी clause, famous usage in Upanishad and Veda.			
Use Template पचत् ।			
3rd case onwards same as मरुत् ।			

मरुत् Wind, Hanuman, Speedy

मरुत्	तकारान्तः	त्	m	सुप् Affixes without Tag		
V हे	मरुत्	मरुतौ	मरुतः	similar to case 1		
1	मरुत् 6.1.68 8.2.39 8.4.56	मरुतौ	मरुतः 8.2.66 8.3.15	स्	औ	अस्
2	मरुतम्	मरुतौ	मरुतः	अम्	औ	अस्
3	मरुता	मरुद्भ्याम् 1.4.17 8.2.39	मरुद्भिः 8.2.39 8.2.66 8.3.15	आ	भ्याम्	भिस्
4	मरुते	मरुद्भ्याम्	मरुद्भ्यः	ए	भ्याम्	भ्यस्
5	मरुतः	मरुद्भ्याम्	मरुद्भ्यः	अस्	भ्याम्	भ्यस्
6	मरुतः	मरुतोः	मरुताम्	अस्	ओस्	आम्
7	मरुति	मरुतोः 8.2.66 8.3.15	मरुत्सु 1.4.17 8.2.39 8.4.55	इ	ओस्	सु

1/1 मरुत् + स् → 6.1.68 → मरुत् → 8.2.39 → मरुद् → 8.4.56 → मरुत् / मरुद् । However मरुद् is not seen in literature. Only मरुत् ।

Similar Stems भूभृत् king, इन्द्रजित् victorious over senses, कर्मकृत् businessman, विश्वजित् a specific yagya, सोमसुत् soma distiller

मरुत् is Template for

- Present participles of 3cP roots like दा – ददत् giving, दधत् holding, विभ्यत् fearing
- Present participles of 2cP roots like जक्षत् eating, जाग्रत् watching, शासत् ruling, चकासत् shining, दरिद्रत् being poor

Note – for present participles and future participles of all other parasmaipada Roots, the template is पचत् ।

पचत् Cook, Chef

पचत्	त्	तकारान्तः	m
V हे	पचन्	पचन्तौ	पचन्तः
1	पचन् 7.1.70 6.1.68 8.2.23	पचन्तौ 7.1.70 8.3.24 8.4.58	पचन्तः 7.1.70 8.3.24 8.4.58 8.2.66 8.3.15
2	पचन्तम् 7.1.70 8.3.24 8.4.58	पचन्तौ 7.1.70 8.3.24 8.4.58	पचतः 8.2.66 8.3.15
3	पचता	पचद्भ्याम् 8.2.39	पचद्भिः 8.2.39 8.2.66 8.3.15
4	पचते	पचद्भ्याम्	पचद्भ्यः
5	पचतः	पचद्भ्याम्	पचद्भ्यः
6	पचतः	पचतोः	पचताम्
7	पचति	पचतोः	पचत्सु
गच्छत्, गमिष्यत्, हरत्, हरिष्यत्, कुर्वत्, करिष्यत्, कथयत्, कथयिष्यत्			
2/3 case onwards same as मरुत्			
Template for शतृ affixed Pratipadika. Note शतृ is actually शतृँ (अत् without Tag) hence 7.1.70 applies. Dhatu + Krit affix → Pratipadika + Sup affix → Noun.			
Template for all dhatus (except 2cP and 3cP) to make present and future participles for parasmaipada roots, in masculine.			
1/1 पचत् स् 7.1.70 पचन् त् स् 6.1.68 पचन्त् 8.2.23 पचन् ।			
1/3 पचत् अस् 7.1.70 पचन् त् अस् = पचन्त् अस् = ~~नान्त अङ्गम~~ = ~~6.4.8~~ = पचन्तस् 8.3.24 = पचंतस् 8.4.58 पचन्तस् ।			

E.g. पच् 1cP = to cook + शतृ (अत्)

Conjugation for 1c uses शप्

पच् + शप् + अत् → no guna because absence of vowel →

पच् + अ + अत् → पच + अत् →

पररूप sandhi overrides dirgha sandhi अपदान्त अ+ गुण letter → guna letter

→ पच + अत् → पचत् (stem)

पचत् = present participle m = one who cooks = chef

पचष्यत् = future participle m = one who will cook

Declension Process

1/1 पचत् +स् 7.1.70 पचन् त् + स् 6.1.68 पचन्त् 8.2.23 पचन् ।

गम् 1cP = to go + अत्

गच्छत् = one who goes, गच्छन् going

गमिष्यत् = one who will go, गमिष्यन् willing to go

हरन् taking away, हरिष्यन् willing to take away

कुर्वन् doing, करिष्यन् willing to do

कथयन् telling, कथयिष्यन् willing to tell

धीमत् Intelligent, talented, genius

धीमत् तकारान्तः त्			adjective	मघवत्	त्		adjective
V हे	धीमन्	धीमन्तौ	धीमन्तः	मघवन्	मघवन्तौ		मघवन्तः
1	धीमान् 6.4.14 7.1.70 6.1.68 8.2.23	धीमन्तौ 7.1.70 8.3.24 8.4.58	धीमन्तः 7.1.70 8.3.24 8.4.58 8.2.66 8.3.15	मघवान्	मघवन्तौ		मघवन्तः
2	धीमन्तम् 7.1.70 8.3.24 8.4.58	धीमन्तौ 7.1.70 8.3.24 8.4.58	धीमतः	मघवन्तं	मघवन्तौ		मघवतः
3	धीमता	धीमद्भ्याम्	धीमद्भिः	मघवता	मघवद्भ्यां		मघवद्भिः
4	धीमते	धीमद्भ्याम्	धीमद्भ्यः	मघवते	मघवद्भ्यां		मघवद्भ्यः
5	धीमतः	धीमद्भ्याम्	धीमद्भ्यः	मघवतः	मघवद्भ्यां		मघवद्भ्यः
6	धीमतः	धीमतोः	धीमताम्	मघवतः	मघवतोः		मघवताम्
7	धीमति	धीमतोः	धीमत्सु	मघवति	मघवतोः		मघवत्सु
Intelligent, talented, genius				cloud-like ominous, like Indra the rain causing deity			
बुद्धिमत् , धनवत् , कृतवत् , भगवत् , यावत् , तावत् , कियत् , इयत् , विवस्वत् , मघवत् cloud-like ominous, Indra				*Declines same as धीमत् , listed only for completeness.*			
1/1 case, by 6.4.14 vowel becomes dirgha. शतृँ affixed Stem, hence rest SarvanamaSthana cases as पचत् । 2/3 case onwards same as मरुत् ।							

महत् Great, magnificient, noble

महत्	तकारान्तः	त्	adjective
V हे	महन्	महान्तौ	महान्तः
1	महान् 6.4.10	महान्तौ 6.4.10	महान्तः 6.4.10
2	महान्तम् 6.4.10	महान्तौ 6.4.10	महतः
3	महता	महद्भ्याम्	महद्भिः
4	महते	महद्भ्याम्	महद्भ्यः
5	महतः	महद्भ्याम्	महद्भ्यः
6	महतः	महतोः	महताम्
7	महति	महतोः	महत्सु

Not a Template for any other stem

SarvanamaSthana cases are distinct due to 6.4.10

शतृँ affixed Stem, hence rest SarvanamaSthana cases as पचत् । 2/3 case onwards same as मरुत् ।

सुहृद् Friend, affectionate one, good at heart

सुहृद्	दकारान्तः	द्	m
V हे	सुहृत्	सुहृदौ	सुहृदः
1	सुहृत् / सुहृद् 8.4.56	सुहृदौ	सुहृदः
2	सुहृदम्	सुहृदौ	सुहृदः
3	सुहृदा	सुहृद्भ्याम्	सुहृद्भिः
4	सुहृदे	सुहृद्भ्याम्	सुहृद्भ्यः
5	सुहृदः	सुहृद्भ्याम्	सुहृद्भ्यः
6	सुहृदः	सुहृदोः	सुहृदाम्
7	सुहृदि	सुहृदोः	सुहृत्सु 8.4.55
दिविषद् God, शास्त्रविद् well versed, तमोनुद् Sun, abolisher of darkness			
Declines identical to मरुत् except that • Sandhi 8.2.39 त् to द् is not needed here. • 1/1 by 8.4.56 we have सुहृत् / सुहृद् two Options, but only सुहृत् is seen in literature. • 7/3 सुहृद् सु 8.4.55 सुहृत् सु = सुहृत्सु ।			

सु + हृद् n = सुहृद् m = friend

हृद् n = heart

(a good heart makes a friend)

राजन् King

राजन्	नकारान्तः	न्	m
V हे	राजन् 6.1.68 8.2.8	राजानौ	राजानः
1	राजा 6.4.8 6.1.68 8.2.7 8.2.2	राजानौ 6.4.8	राजानः 6.4.8 8.2.66 8.3.15
2	राजानम् 6.4.8	राजानौ 6.4.8	राज्ञः 6.4.134 8.4.40 8.2.66 8.3.15
3	राज्ञा 6.4.134 8.4.40 8.4.44	राजभ्याम् 1.4.17 8.2.7 8.2.2	राजभिः 1.4.17 8.2.7 8.2.2 8.2.66 8.3.15
4	राज्ञे 6.4.134 8.4.40	राजभ्याम् 1.4.17 8.2.7 8.2.2	राजभ्यः 1.4.17 8.2.7 8.2.2 8.2.66 8.3.15
5	राज्ञः 6.4.134 8.4.40 8.2.66 8.3.15	राजभ्याम् 1.4.17 8.2.7 8.2.2	राजभ्यः 1.4.17 8.2.7 8.2.2 8.2.66 8.3.15
6	राज्ञः 6.4.134 8.4.40 8.2.66 8.3.15	राज्ञोः 6.4.134 8.4.40 8.2.66 8.3.15	राज्ञाम् 6.4.7 6.4.134 8.4.40 8.4.44
7	राज्ञि / राजनि 6.4.134 8.4.40 / 6.4.136	राज्ञोः 6.4.134 8.4.40 8.2.66 8.3.15	राजसु 1.4.17 8.2.7 8.2.2
मूर्धन् head, तक्षन् carpenter, सुनामन् auspiciously named, महिमन् greatness, पीवन् fat, अणिमन् minuteness, गरिमन् greatness, लघिमन् thinness			

Feminine form राज्ञी queen, declines like नदी।

आत्मन् Soul, inner purity, Jiva

आत्मन् नकारान्तः न्		m
V हे आत्मन्‌ 6.1.68 8.2.8	आत्मानौ	आत्मानः
1	आत्मा 6.4.8 6.1.68 8.2.7 8.2.2	आत्मानौ 6.4.8	आत्मानः 6.4.8 8.2.66 8.3.15
2	आत्मानम् 6.4.8	आत्मानौ 6.4.8	आत्मनः 6.4.137 8.2.66 8.3.15
3	आत्मना 6.4.137	आत्मभ्याम् 1.4.17 8.2.7 8.2.2	आत्मभिः 1.4.17 8.2.7 8.2.2 8.2.66 8.3.15
4	आत्मने 6.4.137	आत्मभ्याम् 1.4.17 8.2.7 8.2.2	आत्मभ्यः 1.4.17 8.2.7 8.2.2 8.2.66 8.3.15
5	आत्मनः 6.4.137 8.2.66 8.3.15	आत्मभ्याम् 1.4.17 8.2.7 8.2.2	आत्मभ्यः 1.4.17 8.2.7 8.2.2 8.2.66 8.3.15
6	आत्मनः 6.4.137 8.2.66 8.3.15	आत्मनोः 6.4.137 8.2.66 8.3.15	आत्मनाम् 6.4.7 6.4.137
7	आत्मनि 6.4.137	आत्मनोः 6.4.137 8.2.66 8.3.15	आत्मसु 1.4.17 8.2.7 8.2.2

आत्मन् is template for words ending in अन् preceded by a conjunct संयुक्ताक्षर having म् or व् for latter member e.g. त्म त्व श्व ब्रह्मन् Brahmin, यज्वन् Sacrificer, सुपर्वन् God, अध्वन् Way, शर्मन् Sharma (surname)

ब्रह्मन् Brahmin the learned one, Brahma the Creator

ब्रह्मन्	नकारान्तः	न्	m
V हे	ब्रह्मन्	ब्रह्माणौ	ब्रह्माणः
1	ब्रह्मा	ब्रह्माणौ 8.4.2	ब्रह्माणः 8.4.2
2	ब्रह्माणम् 8.4.2	ब्रह्माणौ 8.4.2	ब्रह्मणः 8.4.2
3	ब्रह्मणा 8.4.2	ब्रह्मभ्याम्	ब्रह्मभिः
4	ब्रह्मणे 8.4.2	ब्रह्मभ्याम्	ब्रह्मभ्यः
5	ब्रह्मणः 8.4.2	ब्रह्मभ्याम्	ब्रह्मभ्यः
6	ब्रह्मणः 8.4.2	ब्रह्मणोः 8.4.2	ब्रह्मणाम् 8.4.2
7	ब्रह्मणि 8.4.2	ब्रह्मणोः 8.4.2	ब्रह्मसु

Declines identical to आत्मन् except that न् to ण् by 8.4.2
In Vocative singular 8.4.2 doesn't apply due to न् final by 8.4.37
शर्मन् Sharma, वर्मन् Verma, some Indian Last Names

- आत्मन् **masculine** = individual soul, the divine within each being.
- ब्रह्मन् **neuter** = primal soul, undivided soul, supreme consciousness.
- ब्रह्मन् **masculine** denotes a learned person, a Brahmin, or Brahma the Creator in Scriptures, but not the Supreme Consciousness.

Even the declined spellings are different.

श्वन् Dog, Canine

श्वन्	श् व् अ न्	नकारान्तः	m
V हे	श्वन्	श्वानौ	श्वानः
1	श्वा	श्वानौ	श्वानः
2	श्वानम्	श्वानौ	शुनः 6.4.133
3	शुना 6.4.133	श्वभ्याम्	श्वभिः
4	शुने 6.4.133	श्वभ्याम्	श्वभ्यः
5	शुनः 6.4.133	श्वभ्याम्	श्वभ्यः
6	शुनः 6.4.133	शुनोः 6.4.133	शुनाम् 6.4.133
7	शुनि 6.4.133	शुनोः 6.4.133	श्वसु

Declines identical to आत्मन् except for Vowel-beginning-non-SarvanamaSthana affixes. Here by 6.4.133 samprasarana वकार to उकार happens.

Feminine form of dog is शुनी bitch, which declines like नदी

युवन् Youth, Teenager मघवन् Storm cloud, Lord Indra

युवन्	नकारान्तः	न्	m	मघवन्	न्	m
V हे	युवन्	युवानौ	युवानः	मघवन्	मघवानौ	मघवानः
1	युवा	युवानौ	युवानः	मघवा	मघवानौ	मघवानः
2	युवानम्	युवानौ	यूनः 6.4.133 6.1.101	मघवानम्	मघवानौ	मघोनः 6.4.133 6.1.87
3	यूना 6.4.133 6.1.37 6.1.108 6.1.101	युवभ्यां	युवभिः	मघोना 6.4.133 6.1.37 6.1.108 6.1.87	मघवभ्यां	मघवभिः
4	यूने 6.4.133 6.1.101	युवभ्यां	युवभ्यः	मघोने 6.4.133 6.1.87	मघवभ्यां	मघवभ्यः
5	यूनः	युवभ्यां	युवभ्यः	मघोनः	मघवभ्यां	मघवभ्यः
6	यूनः 6.4.133 6.1.101	यूनोः 6.4.133 6.1.101	यूनाम् 6.4.133 6.1.101	मघोनः 6.4.133 6.1.87	मघोनोः 6.4.133 6.1.87	मघोनाम् 6.4.133 6.1.87
7	यूनि 6.4.133 6.1.101	यूनोः 6.4.133 6.1.101	युवसु 1.4.17 8.2.7	मघोनि 6.4.133 6.1.87	मघोनोः 6.4.133 6.1.87	मघवसु 1.4.17 8.2.7
Feminine is युवति adolescent girl and declines like मति । A synonym युवती declines like नदी				Synonym मघवत् declines like धीमत्, as मघवान् । मघवन्तौ । मघवन्तः		
Declines identical to श्वन्, but 6.1.101 applies to make उ to ऊ dirgha. Rest cases like आत्मन्				Declines identical to युवन् but 6.1.87 applies. Rest cases like आत्मन्		

पथिन् Road, path, journey

पथिन्	नकारान्तः न्		m
V हे	पन्थाः	पन्थानौ	पन्थानः
1	पन्थाः 7.1.85 7.1.86 7.1.87 6.1.101 8.3.24 8.4.58 8.2.66 8.3.15	पन्थानौ 7.1.86 7.1.87 6.4.8 8.3.24 8.4.58	पन्थानः 7.1.86 7.1.87 6.4.8 8.3.24 8.4.58 8.2.66 8.3.15
2	पन्थानम् 7.1.86 7.1.87 6.4.8	पन्थानौ 7.1.86 7.1.87 6.4.8 8.3.24 8.4.58	पथः 7.1.88 8.2.66 8.3.15
3	पथा 7.1.88	पथिभ्यां 1.4.17 8.2.7	पथिभिः 1.4.17 8.2.7
4	पथे 7.1.88	पथिभ्यां 1.4.17 8.2.7	पथिभ्यः 1.4.17 8.2.7
5	पथः 7.1.88	पथिभ्यां 1.4.17 8.2.7	पथिभ्यः 1.4.17 8.2.7
6	पथः 7.1.88	पथोः 7.1.88 8.2.66 8.3.15	पथाम् 7.1.88
7	पथि 7.1.88	पथोः 7.1.88 8.2.66 8.3.15	पथिषु 1.4.17 8.2.7
7/3 पथिन् सु 8.2.7 पथि सु 8.3.59 पथिषु ।			
मथिन् churning handle, Mountain Meru of Purana lore			
Feminine Stems are in ई e.g. सुपथी , सुमथी and decline like नदी			

करिन् elephant, tusker

करिन्	नकारान्तः	न्	m
V हे	करिन् 6.1.68 8.2.8 8.4.37	करिणौ	करिणः
1	करी 6.4.13 6.1.68 8.2.7	करिणौ 8.4.2	करिणः 8.4.2 8.2.66 8.3.15
2	करिणम् 8.4.2	करिणौ 8.4.2	करिणः 8.4.2 8.2.66 8.3.15
3	करिणा 8.4.2	करिभ्याम् 1.4.17 8.2.7	करिभिः 1.4.17 8.2.7
4	करिणे 8.4.2	करिभ्याम् 1.4.17 8.2.7	करिभ्यः 1.4.17 8.2.7
5	करिणः 8.4.2 8.2.66 8.3.15	करिभ्याम् 1.4.17 8.2.7	करिभ्यः 1.4.17 8.2.7
6	करिणः 8.4.2 8.2.66 8.3.15	करिणोः 8.4.2 8.2.66 8.3.15	करिणाम् 8.4.2
7	करिणि 8.4.2	करिणोः 8.4.2 8.2.66 8.3.15	करिषु 1.4.17 8.2.7
गुणिन् good natured, धनिन् rich, शशिन् moon.				
Feminine forms in ई, e.g. करिणी, धनिनी decline like नदी				

विश् People, crowd, group of humans

विश्	शकारान्तः	श्	m
V हे	विड् / विट्	विशौ	विशः
1	विड् / विट् 6.1.68 8.2.36 8.2.39 / 8.4.56	विशौ	विशः 8.2.66 8.3.15
2	विशम्	विशौ	विशः
3	विशा	विड्भ्याम् 8.2.36 8.2.39	विड्भिः 8.2.36 8.2.39 8.2.66 8.3.15
4	विशे	विड्भ्याम्	विड्भ्यः
5	विशः	विड्भ्याम्	विड्भ्यः
6	विशः	विशोः	विशाम्
7	विशि	विशोः 8.2.66 8.3.15	विट्सु 8.2.36 8.2.39

Declension Process

3/2 विश् भ्याम् 8.2.36 → विष् भ्याम् 8.2.39 → विड् भ्याम् ।

8.2.36 says that for शकारान्त stems, श् replaced with ष् ।

8.2.39 says that an ending झल् gets जश् replacement.

झल् = row consonant letter except nasal, sibilants, aspirate

जश् = 3rd letter of every row consonant = ग् ज् ड् द् ब्

Q. What is the जश् equivalent for ष् ?

A. ष् is मूर्धा महाप्राण, ड् is मूर्धा अल्पप्राण । Rest ग् ज् द् ब् are not मूर्धा

The dhatus ending in श् like विश् 6cP = to enter, undergo change to विड् in noun form by 8.2.36 sutra since विश् → विष् and by 8.2.39 विष् → विड् ।

If followed by fullstop, 8.4.56 optionally changes विड् to विट् ।

But dhatus दिश् 6cU = to show, दृश् 1cP = to see, स्पृश् 6cP = to touch, in noun form श् changes to क् or ग् e.g. दिक् ।

तादृश् Such, like that, likewise, of that kind

तादृश्	शकारान्तः	श्	adverb
V हे	तादृक्	तादृशौ	तादृशः
1	तादृक् 6.1.68 1.4.14 8.2.36 8.2.39 3.2.60 8.2.62 8.4.56	तादृशौ	तादृशः
2	तादृशम्	तादृशौ	तादृशः
3	तादृशा	तादृग्भ्याम् 8.2.36 8.2.39 1.4.17 3.2.60 8.2.62	तादृग्भिः 8.2.36 8.2.39 1.4.17 3.2.60 8.2.62
4	तादृशे	तादृग्भ्याम्	तादृग्भ्यः
5	तादृशः	तादृग्भ्याम्	तादृग्भ्यः
6	तादृशः	तादृशोः	तादृशाम्
7	तादृशि	तादृशोः	तादृक्षु 8.2.36 8.2.39 1.4.17 3.2.60 8.2.62 8.4.55

ईदृश् of this kind, मादृश् of my type, त्वादृश् of your type, अस्मादृश् of our type, युष्मादृश् of your type, भवादृश् of your honour's type, तत्वदृश् one who has seen the truth, enlightened

Declines similar to विश् for cases where 8.2.36 doesn't apply

अकारान्त Synonym तादृश (राम template), Feminine in ई e.g. तादृशी (नदी template), Feminine in आ e.g. ईदृशा, तादृशा (रमा)

1/1 तादृश् स् 8.2.36 तादृष् स् 8.2.39 तादृड् स् 6.1.68 तादृड् 1.4.14 3.2.60 8.2.62 तादृग् 8.4.56 तादृक् ।

7/3 तादृश् सु 8.2.36 तादृष् सु 8.2.39 तादृड् सु 1.4.17 3.2.60 8.2.62 तादृग् सु 8.3.59 तादृग् षु 8.4.55 तादृक् षु = तादृक्षु ।

द्विष् Enemy, one who harbors ill-will, bitter person

द्विष्	षकारान्तः	ष्	m
V हे	द्विट्	द्विषौ	द्विषः
1	द्विट् 6.1.68 1.4.14 8.2.39	द्विषौ	द्विषः
2	द्विषम्	द्विषौ	द्विषः
3	द्विषा	द्विड्भ्याम् 8.2.39	द्विड्भिः 8.2.39
4	द्विषे	द्विड्भ्याम्	द्विड्भ्यः
5	द्विषः	द्विड्भ्याम्	द्विड्भ्यः
6	द्विषः	द्विषोः	द्विषाम्
7	द्विषि	द्विषोः	द्विट्सु 1.4.17 8.2.39 8.4.55
रत्नमुष् jewel thief, सितत्विष् one having white lustre			
Declines identical to विश् without need for 8.2.36			
Synonyms शत्रु , अरि ।			

वेधस् all-knowledgeable, Lord Brahma, Creator

वेधस्	सकारान्तः स्		m
V हे	वेधः 6.1.68 8.2.66 8.3.15	वेधसौ	वेधसः
1	वेधाः 6.4.14 6.1.68 8.2.66 8.3.15	वेधसौ	वेधसः 8.2.66 8.3.15
2	वेधसम्	वेधसौ	वेधसः 8.2.66 8.3.15
3	वेधसा	वेधोभ्याम् 8.2.66 6.1.114 6.1.87	वेधोभिः 8.2.66 6.1.114 6.1.87 8.2.66 8.3.15
4	वेधसे	वेधोभ्याम् 8.2.66 6.1.114 6.1.87	वेधोभ्यः 8.2.66 6.1.114 6.1.87 8.2.66 8.3.15
5	वेधसः 8.2.66 8.3.15	वेधोभ्याम् 8.2.66 6.1.114 6.1.87	वेधोभ्यः 8.2.66 6.1.114 6.1.87 8.2.66 8.3.15
6	वेधसः 8.2.66 8.3.15	वेधसोः 8.2.66 8.3.15	वेधसाम्
7	वेधसि	वेधसोः 8.2.66 8.3.15	वेधस्सु / वेधःसु 8.2.66 8.3.15 8.3.34 8.3.36
चन्द्रमस् moon, सुमनस् good mind, पुरोधस् priest, मनस् mind, नचिकेतस् Nachiketas, not bowled over, undefeated			

श्रेयस् Superior, Ultimate

श्रेयस्	सकारान्तः	स्	m adjective
V हे	श्रेयन् 7.1.70 6.1.68 8.2.23	श्रेयांसौ	श्रेयांसः
1	श्रेयान् 7.1.70 6.4.10 6.1.68 8.2.23	श्रेयांसौ 7.1.70 6.4.10 8.3.24	श्रेयांसः 7.1.70 6.4.10 8.3.24 8.2.66 8.3.15
2	श्रेयांसम् 7.1.70 6.4.10 8.3.24	श्रेयांसौ 7.1.70 6.4.10 8.3.24	श्रेयसः 8.2.66 8.3.15
3	श्रेयसा	श्रेयोभ्याम् 8.2.66 6.1.114 6.1.87	श्रेयोभिः 8.2.66 6.1.114 6.1.87 8.2.66 8.3.15
4	श्रेयसे	श्रेयोभ्याम् 8.2.66 6.1.114 6.1.87	श्रेयोभ्यः 8.2.66 6.1.114 6.1.87 8.2.66 8.3.15
5	श्रेयसः 8.2.66 8.3.15	श्रेयोभ्याम् 8.2.66 6.1.114 6.1.87	श्रेयोभ्यः 8.2.66 6.1.114 6.1.87 8.2.66 8.3.15
6	श्रेयसः 8.2.66 8.3.15	श्रेयसोः 8.2.66 8.3.15	श्रेयसाम्
7	श्रेयसि	श्रेयसोः 8.2.66 8.3.15	श्रेयस्सु 8.2.66 8.3.15 8.3.34

गरीयस् heavier, स्थवीयस् greater. Feminine in ई e.g. श्रेयसी (नदी)

1/1 श्रेयस् सुँ 7.1.70 श्रेयन् स् सुँ 6.4.10 श्रेयान् स् सुँ 6.1.68 श्रेयान् स् 8.2.23 श्रेयान् । श्रेयस् is a stem in Taddhita ईयसुँन् affix hence 7.1.70 applies. 1/2 श्रेयस् औ 7.1.70 श्रेयन् स् औ 6.4.10 श्रेयान् स् औ 8.3.24 श्रेयां स् औ । By anusvara sandhi श्रेयान्सौ → श्रेयांसौ ।

विद्वस् Scholar, professor

विद्वस् सकारान्तः स्			m
V हे	विद्वन् 7.1.70 6.1.68 8.2.23	विद्वांसौ	विद्वांसः
1	विद्वान् 7.1.70 6.4.10 6.1.68 8.2.23	विद्वांसौ 7.1.70 6.4.10 8.3.24	विद्वांसः 7.1.70 6.4.10 8.3.24 8.2.66 8.3.15
2	विद्वांसम् 7.1.70 6.4.10 8.3.24	विद्वांसौ 7.1.70 6.4.10 8.3.24	विदुषः 6.4.131 6.1.108 8.3.59 8.2.66 8.3.15
3	विदुषा 6.4.131 6.1.108 8.3.59	विद्वद्भ्याम् 8.2.72	विद्वद्भिः 8.2.72 8.2.66 8.3.15
4	विदुषे 6.4.131 6.1.108 8.3.59	विद्वद्भ्याम् 8.2.72	विद्वद्भ्यः 8.2.72 8.2.66 8.3.15
5	विदुषः 6.4.131 6.1.108 8.3.59 8.2.66 8.3.15	विद्वद्भ्याम् 8.2.72	विद्वद्भ्यः 8.2.72 8.2.66 8.3.15
6	विदुषः 6.4.131 6.1.108 8.3.59 8.2.66 8.3.15	विदुषोः 6.4.131 6.1.108 8.3.59 8.2.66 8.3.15	विदुषाम् 6.4.131 6.1.108 8.3.59
7	विदुषि 6.4.131 6.1.108 8.3.59	विदुषोः 6.4.131 6.1.108 8.3.59 8.2.66 8.3.15	विद्वत्सु 8.2.72 8.4.55
ऊचिवस् one who has spoken, उपेयिवस् one who has approached, सेदिवस् one who has sat, तस्थिवस् one who stood, चकृवस् one who did. Feminine in ई , e.g. विदुषी, ऊचुषी, उपेयुषी, सेदुषी, तस्थुषी ।			
विद्वस् is a stem in Taddhita ईयसुँन् affix hence 7.1.70 applies. Identical to श्रेयस् for SarvanamaSthana affixes. Different 2/3 onwards. 2/3 विद्वस् अस् 6.4.131 6.1.108 विदुस् अस् 8.3.59 विदुष् अस् = विदुषस् 8.2.66 8.3.15 विदुषः । 3/2 By 8.2.72 final स् gets द् आदेश ।			

पुम्स् = पुंस् Man, male of species

पु**म्**स् = पुंस्	स्	m
पुमन् 7.1.70 6.1.68 8.2.23	पुमांसौ	पुमांसः
पुमान् 7.1.89 6.1.68 7.1.70 6.4.10 8.2.23	पुमांसौ 7.1.70 6.4.10 8.3.23	पुमांसः 7.1.70 6.4.10 8.3.23 8.2.66 8.3.15
पुमांसम् 7.1.70 6.4.10 8.3.23	पुमांसौ 7.1.70 6.4.10 8.3.23	पुंसः 8.2.66 8.3.15 8.3.23
पुंसा 8.3.23	पुंभ्याम् 1.4.18 8.2.23 8.3.23	पुंभिः 1.4.18 8.2.23 8.3.23
पुंसे 8.3.23	पुंभ्याम् 1.4.18 8.2.23 8.3.23	पुंभ्यः 1.4.18 8.2.23 8.3.23
पुंसः 8.2.66 8.3.15	पुंभ्याम् 1.4.18 8.2.23 8.3.23	पुंभ्यः 1.4.18 8.2.23 8.3.23
पुंसः 8.2.66 8.3.15	पुंसोः 8.2.66 8.3.15	पुंसाम्
पुंसि 8.3.23	पुंसोः 8.2.66 8.3.15	पुंसु 1.4.18 8.2.23 8.3.23
The Stem पुम्स् is commonly written as पुंस् by 8.3.23 anusvara sandhi.		
However for applying declension Sutras, we must use the Stem पुम्स्		
1/1 declension steps – पुम्स् + स् 7.1.89 पुम् अस् + स् = पुमस् + स् 6.1.68 पुमस् । पुमस् 7.1.70 पुम् न् स् 6.4.10 पुमान् स् = पुमान्स् 8.2.23 पुमान् ।		
1/2 declension steps - पु**म्**स्+औ 7.1.70 पुम् न् स्+औ 6.4.10 पुमान् स्+औ 8.3.23 पुमांसौ ।		
1/3 declension steps - पु**म्**स्+अस् = पु**म्**सस् 8.2.66 पु**म्**सर् 8.3.15 पु**म्**सः 8.3.23 पुंसः ।		

दोस् Arm, forearm (body part)

दोस्	सकारान्तः	स्	m
V हे	दोः	दोषौ	दोषः
1	दोः 6.1.68 8.2.66 8.3.15	दोषौ 8.3.57 8.3.58	दोषः 8.3.57 8.3.58 8.2.66 8.3.15
2	दोषम् 8.3.57 8.3.58	दोषौ 8.3.57 8.3.58	दोषः / दोष्णः 8.3.57 8.3.58 8.2.66 8.3.15 / 6.1.63 6.4.134 8.4.2
3	दोषा / दोष्णा 8.3.57 8.3.58 / 6.1.63 6.4.134	दोर्भ्याम् / दोषभ्याम् 8.2.66 / 6.1.63 6.4.134	दोर्भिः / दोषभिः 8.2.66
4	दोषे / दोष्णे 8.3.57 8.3.58 / 6.1.63 6.4.134	दोर्भ्याम् / दोषभ्याम् 8.2.66 / 6.1.63 6.4.134	दोर्भ्यः / दोषभ्यः 8.2.66 / 6.1.63 6.4.134
5	दोषः / दोष्णः 8.3.57 8.3.58 / 6.1.63 6.4.134	दोर्भ्याम् / दोषभ्याम् 8.2.66 / 6.1.63 6.4.134	दोर्भ्यः / दोषभ्यः 8.2.66 / 6.1.63 6.4.134
6	दोषः / दोष्णः 8.3.57 8.3.58 / 6.1.63 6.4.134	दोषोः / दोष्णोः 8.3.57 8.3.58 8.2.66 8.3.15 / 6.1.63 6.4.134	दोषाम् / दोष्णाम् 8.3.57 8.3.58 / 6.1.63 6.4.134
7	दोषि / दोष्णि 8.3.57 8.3.58 / 6.1.63 6.4.134	दोषोः / दोष्णोः 8.3.57 8.3.58 8.2.66 8.3.15 / 6.1.63 6.4.134	दोष्षु / दोषषु 8.3.57 8.3.58 8.3.59 / 6.1.63 6.4.134
2/2 declension steps - दोस्+औ 8.3.57 8.3.58 दोष्+औ = दोषौ । 2/3 दोस्+शस् 6.1.63 दोषन्+अस् 6.4.134 दोष् न् अस् 8.4.2 दोष्णस् ।			

लिह् One who licks, baby like, puppy like

लिह्	सकारान्तः	ह्	m
V हे	लिट्	लिहौ	लिहः
1	लिट् 8.2.31 6.1.68 1.4.14 8.2.39 8.4.56	लिहौ	लिहः 8.2.66 8.3.15
2	लिहम्	लिहौ	लिहः
3	लिहा	लिड्भ्याम् 8.2.31 1.4.17 8.2.39	लिड्भिः
4	लिहे	लिड्भ्याम्	लिड्भ्यः
5	लिहः	लिड्भ्याम्	लिड्भ्यः
6	लिहः	लिहोः	लिहाम्
7	लिहि	लिहोः	लिट्सु / लिट्त्सु 8.2.31 1.4.17 8.2.39 8.3.29 8.4.55
भूरुह् tree, soul of earth, महीरुह् tree, soul with tall trunk			
Some sutras give Optional forms, but if in literature only one form is seen, (the other form even though derivable by the sutras), is not always listed in these tables. e.g. Nominative SIngular 1/1 by 8.4.56 we get लिट् / लिड् but only लिट् is listed. Locative Plural 7/3 by 8.3.29 we get लिट्सु / लिट्त्सु but only लिट्सु is seen.			

Feminine च् ज् त् ध् न् प् भ् र् व् श् ष् स् ह् stem final Consonant

हलन्तः स्त्रीलिङ्गः प्रकरणम् wrt Maheshwar Sutras and the Alphabet

	अ इ उ ण्	1	क	ख	ग	घ	ङ
	ऋ ऌ क्	2	च	छ	ज	झ	ञ
	ए ओ ङ्	3	ट	ठ	ड	ढ	ण
	ऐ औ च्	4	त	थ	द	ध	न
व्, र्	हयवरट्	5	प	फ	ब	भ	म
	लँण्	6	य	र	ल	व
न्	ञमङणनम्	7	श	ष	श
भ्	झभञ्	8	ह
ध्	घढधष्	9
ज्	जबगडदश्	10
च्, त्	खफछठथचटतव्	11
प्	कपय्	12
श्, ष्, स्	शषसर्	13
ह्	हल्	14

Some consonant feminine stems when derived from masculine stems use the ई feminine affix and end in a vowel. These are directly declined as stem नदी f.

Generally consonant feminine stems are declined same as consonant masculine stems as per final letter.

Declension Templates for Feminine नदी , रमा

These are made from consonant ending Masculine.

Many feminine words are formed from their masculine counterparts by simply adding ई, so these become vowel ending and decline like नदी । Sutra 4.1.5 ऋन्नेभ्यो ङीप् । ङीप् = ङ् ई प् ।

Similarly, feminine words are also formed from masculine words by adding आ, so these become vowel ending and decline like रमा ।

4.1.4 अजाद्यतष्टाप् । टाप् = ट् आ प् ।

Most consonant ending feminine words are declined just the same as masculine words of appropriate ending. e.g.
feminine वाच् declines the same as masculine जलमुच् ।
feminine स्रज् declines the same as masculine वणिज् ।
feminine सरित् declines the same as masculine मरुत् ।
feminine शरद् declines the same as masculine सुहृद् ।
feminine सीमन् declines the same as masculine राजन् ।
feminine निश् declines the same as masculine विश् ।
feminine प्रावृष् declines the same as masculine द्विष् ।

वाच् Speech, Organ of speech

वाच्	चकारान्तः	च्	f	सुप् Affixes		
V हे	वाक्	वाचौ	वाचः	declension similar to 1		
1	वाक् 6.1.68 8.2.30 8.2.39 8.4.56	वाचौ	वाचः 8.2.66 8.3.15	स्	औ	अस्
2	वाचम्	वाचौ	वाचः 8.2.66 8.3.15	अम्	औ	अस्
3	वाचा	वाग्भ्याम् 8.2.30 8.2.39	वाग्भिः 8.2.30 8.2.39 8.2.66 8.3.15	आ	भ्याम्	भिस्
4	वाचे	वाग्भ्याम् 8.2.30 8.2.39	वाग्भ्यः 8.2.30 8.2.39 8.2.66 8.3.15	ए	भ्याम्	भ्यस्
5	वाचः 8.2.66 8.3.15	वाग्भ्याम् 8.2.30 8.2.39	वाग्भ्यः 8.2.30 8.2.39 8.2.66 8.3.15	अस्	भ्याम्	भ्यस्
6	वाचः 8.2.66 8.3.15	वाचोः 8.2.66 8.3.15	वाचाम्	अस्	ओस्	आम्
7	वाचि	वाचोः 8.2.66 8.3.15	वाक्षु 8.2.30 8.2.39 8.3.59 8.4.55	इ	ओस्	सु

Similar stems त्वच् skin, bark, रुच् lustre, रिच्

वाच् is identical to Template जलमुच् masculine

स्रज् garland

स्रज्	जकारान्तः	स् त् र् ज्	f
1	स्रक्	स्रजौ	स्रजः
2	स्रजम्	स्रजौ	स्रजः
3	स्रजा	स्रग्भ्यां	स्रग्भिः
4	स्रजे	स्रग्भ्यां	स्रग्भ्यः
5	स्रजः	स्रग्भ्यां	स्रग्भ्यः
6	स्रजः	स्रजोः	स्रजाम्
7	स्रजि	स्रजोः	स्रक्षु
V	हे स्रक्	हे स्रजौ	हे स्रजः
Identical to Template वणिज् m			

सरित् River, stream, Flowing current शरद् Autumn, Season

सरित्	तकारान्तः त्		f	शरद्	द्	f
V हे	सरित्	सरितौ	सरितः	हे शरत्	हे शरदौ	हे शरदः
1	सरित्	सरितौ	सरितः	शरत् / शरद् 8.4.56	शरदौ	शरदः
2	सरितम्	सरितौ	सरितः	शरतम्	शरदौ	शरदः
3	सरिता	सरिद्भ्याम्	सरिद्भिः	शरदा	शरद्भ्याम्	शरद्भिः
4	सरिते	सरिद्भ्याम्	सरिद्भ्यः	शरदे	शरद्भ्याम्	शरद्भ्यः
5	सरितः	सरिद्भ्याम्	सरिद्भ्यः	शरदः	शरद्भ्याम्	शरद्भ्यः
6	सरितः	सरितोः	सरिताम्	शरदः	शरदोः	शरदाम्
7	सरिति	सरितोः	सरित्सु	शरदि	शरदोः	शरत्सु 8.4.55
हरित् green color, तटित् lightning				सम्पद् prosperity, आपद् adversity, मृद् earth		
Sutras same as मरुत् m				Identical to सुहृद् m		
				शरद् listed as शरत् by 8.4.55		

क्षुध् Hunger, Starvation

क्षुध्	धकारान्तः	क् ष् उ ध्	f
V हे	क्षुत्	क्षुधौ	क्षुधः
1	क्षुत् 6.1.68 8.2.39 8.4.56	क्षुधौ	क्षुधः
2	क्षुधम्	क्षुधौ	क्षुधः
3	क्षुधा	क्षुद्भ्याम् 1.4.17 8.2.39	क्षुद्भिः
4	क्षुधे	क्षुद्भ्याम्	क्षुद्भ्यः
5	क्षुधः	क्षुद्भ्याम्	क्षुद्भ्यः
6	क्षुधः	क्षुधोः	क्षुधाम्
7	क्षुधि	क्षुधोः	क्षुत्सु 1.4.17 8.2.39 8.4.55

युध् war, समिध् holy wood stick for havan, mango stick for fire ritual, वीरुध् creeper. Also मर्माविध् = wounded at a marma point, = cut in a vital spot, usage as adjective in any gender declines similarly. Sutras similar to मरुत् m

1/1 declension steps -

क्षुध् +स् 6.1.68 क्षुध् 8.2.39 क्षुद् 8.4.56 क्षुद् / क्षुत् । Since क्षुत् is seen in literature we use that as the Nominative Singular form.

3/2 declension steps -

क्षुध् +भ्याम् 1.4.17 8.2.39 क्षुद् भ्याम् = क्षुद्भ्याम् ।

7/3 declension steps -

क्षुध् +सु 1.4.17 8.2.39 क्षुद् सु 8.4.55 क्षुत् सु = क्षुत्सु ।

सीमन् Boundary, limit (has two declension forms)

सीमन् नकारान्तः स्ईम्अन्			f
V हे	सीमन् 6.1.68 8.2.8	सीमानौ	सीमानः
1	सीमा 4.1.11 4.1.14 6.4.8 6.1.68 1.4.14 8.2.7	सीमानौ 4.1.11 4.1.14 6.4.8	सीमानः 4.1.11 4.1.14 6.4.8 8.2.66 8.3.15
2	सीमानम् 4.1.11 4.1.14 6.4.8	सीमानौ 4.1.11 4.1.14 6.4.8	**सीम्नः** 6.4.134 8.2.66 8.3.15
3	**सीम्ना** 6.4.134	सीमभ्याम् 8.2.7	सीमभिः 8.2.7
4	**सीम्ने** 6.4.134	सीमभ्याम्	सीमभ्यः
5	**सीम्नः**	सीमभ्याम्	सीमभ्यः
6	**सीम्नः** 6.4.134	**सीम्नोः** 6.4.134	**सीम्नाम्** 6.4.7 6.4.134
7	**सीम्नि** , सीमनि 6.4.134 / 6.4.136	**सीम्नोः** 6.4.134	सीमसु 1.4.17 8.2.7 8.2.2
दामन् rope, garland			
See Template राजन् m. However note that in राजन् by sandhi ज्+न् अ → ज्+ञ्अ = ज्ञ । Here म्+न्अ = **म्न** ।			
Words formed above with the addition of मन् (सी+मन्) do not take the feminine termination ई though they end in न् by 4.1.11			
1/1 declension steps - सीमन् + स् 4.1.11 4.1.13 4.1.14 सीमन् स् । feminine सीमन् स् 6.4.8 सीमान् स् 6.1.68 सीमान् 8.2.7 सीमा ।			

सीमन् डाप् = सीमा	न्	f
सीमे	सीमे	सीमाः
सीमा	सीमे	सीमाः
सीमाम्	सीमे	सीमाः
सीमया	सीमाभ्यां	सीमाभिः
सीमायै	सीमाभ्यां	सीमाभ्यः
सीमायाः	सीमाभ्यां	सीमाभ्यः
सीमायाः	सीमयोः	सीमाणां
सीमायां	सीमयोः	सीमासु

Boundary, river bank, field. Use Template रमा f

This is the **optional declension** for words like सीमन् , दामन् etc with डाप् feminine affix these are आकारान्तः i.e. सीमा , दामा

अप् Waters, water sources, unconditional Love, saviours

अप्	प्		पकारान्तः f , plural form only
V	-	-	हे आपः
1	-	-	आपः 6.4.11 8.2.66 8.3.15
2	-	-	अपः 8.2.66 8.3.15
3	-	-	अद्भिः 1.4.17 7.4.48 8.2.39 8.2.66 8.3.15
4	-	-	अद्भ्यः 1.4.17 7.4.48 8.2.39 8.2.66 8.3.15
5	-	-	अद्भ्यः 1.4.17 7.4.48 8.2.39 8.2.66 8.3.15
6	-	-	अपाम्
7	-	-	अप्सु 1.4.17 8.2.39 8.4.55

ककुभ् Region

ककुभ्	भकारान्तः	भ्	f
V हे	ककुप्	ककुभौ	ककुभः
1	ककुप् / ककुब् 6.1.68 8.2.39 / 8.4.56	ककुभौ	ककुभः 8.2.66 8.3.15
2	ककुभम्	ककुभौ	ककुभः 8.2.66 8.3.15
3	ककुभा	ककुब्भ्याम् 1.4.17 8.2.39	ककुब्भिः 1.4.17 8.2.39 8.2.66 8.3.15
4	ककुभे	ककुब्भ्याम् 1.4.17 8.2.39	ककुब्भ्यः 1.4.17 8.2.39 8.2.66 8.3.15
5	ककुभः 8.2.66 8.3.15	ककुब्भ्याम् 1.4.17 8.2.39	ककुब्भ्यः 1.4.17 8.2.39 8.2.66 8.3.15
6	ककुभः 8.2.66 8.3.15	ककुभोः 8.2.66 8.3.15	ककुभाम्
7	ककुभि	ककुभोः 8.2.66 8.3.15	ककुप्सु 1.4.17 8.2.39 8.4.55
Sutras same as मरुत् m			

पुर् town, city गिर् speech, spoken word

पुर्	रेफान्तः	र्	f	सुप् Affixes		
V हे	पूः	पुरौ	पुरः	declension similar to 1		
1	पूः 6.1.68 8.2.76 8.3.15	पुरौ	पुरः 8.2.66 8.3.15	स्	औ	अस्
2	पुरम्	पुरौ	पुरः 8.2.66 8.3.15	अम्	औ	अस्
3	पुरा	पूर्भ्याम् 8.2.76 ~~8.2.77~~	पूर्भिः 8.2.76 ~~8.2.77~~ 8.2.66 8.3.15	आ	भ्याम्	भिस्
4	पुरे	पूर्भ्याम् 8.2.76 ~~8.2.77~~	पूर्भ्यः 8.2.76 ~~8.2.77~~ 8.2.66 8.3.15	ए	भ्याम्	भ्यस्
5	पुरः 8.2.66 8.3.15	पूर्भ्याम् 8.2.76 ~~8.2.77~~	पूर्भ्यः 8.2.76 ~~8.2.77~~ 8.2.66 8.3.15	अस्	भ्याम्	भ्यस्
6	पुरः 8.2.66 8.3.15	पुरोः 8.2.66 8.3.15	पुराम्	अस्	ओस्	आम्
7	पुरि	पुरोः 8.2.66 8.3.15	पूर्षु 8.2.76 ~~8.2.77~~ (8.3.16 blocks 8.3.15) 8.3.55 8.3.57 8.3.59 (8.4.48 blocks 8.4.46)	इ	ओस्	सु

Similar stems धुर् yoke, गिर् speech, word. Note गिर् masculine means Mountain. Notice lengthening of vowel in V/1 1/1 3/3 4/3 5/3 7/3

दिव् Heaven

दिव्	वकारान्तः	व्	f
V हे	द्यौः	दिवौ	दिवः
1	द्यौः 7.1.84 8.2.66 8.3.15	दिवौ	दिवः
2	दिवम्	दिवौ	दिवः
3	दिवा	द्युभ्याम् 1.4.17 6.1.131	द्युभिः 1.4.17 6.1.131
4	दिवे	द्युभ्याम् 1.4.17 6.1.131	द्युभ्यः 1.4.17 6.1.131
5	दिवः	द्युभ्याम् 1.4.17 6.1.131	द्युभ्यः 1.4.17 6.1.131
6	दिवः	दिवोः	दिवाम्
7	दिवि	दिवोः	द्युषु 1.4.17 6.1.131 8.3.59
Heaven, celestial region, area of subtle energies, world of light beings			
Nominative Singular 1/1 spelling is similar to गो m, f Synonym feminine द्यो = sky, heaven द्यौः द्यावौ द्यावः । द्याम् द्यावौ द्याः । द्यवा द्योभ्याम् द्योभ्यः । द्यवे द्योभ्याम् द्योभिः । द्योः द्योभ्याम् द्योभिः । द्योः द्यवोः द्यवाम् । द्यवि द्यवोः द्योषु ।			
1/1 दिव् + स् 7.1.84 दि औ स् 6.1.77 द् य् औ स् = द्यौस् 8.2.66 8.3.15 द्यौः । Here 6.1.68 didn't apply due to औत् आदेश ।			

निश् Night दिश् Direction

निश्	शकारान्तः श्		f	दिश्	श्	f
V हे	निट्	निशौ	निशः	दिक्	दिशौ	दिशः
1	निट् 6.1.68 8.2.36 8.2.39 8.4.56	निशौ	निशः 8.2.66 8.3.15	दिक् 8.2.36 8.2.39 6.1.68 1.4.14 3.2.59 8.2.62 8.4.56	दिशौ	दिशः
2	निशम्	निशौ	निशः	दिशम्	दिशौ	दिशः
3	निशा	निड्भ्याम् 1.4.17 8.2.36 8.2.39	निड्भिः	दिशा	दिग्भ्याम् 8.2.36 8.2.39 8.2.62	दिग्भिः
4	निशे	निड्भ्याम्	विड्भ्यः	दिशे	दिग्भ्याम्	दिग्भ्यः
5	निशः	निड्भ्याम्	निड्भ्यः	दिशः	दिग्भ्याम्	दिग्भ्यः
6	निशः	निशोः	निशाम्	दिशः	दिशोः	दिशाम्
7	निशि	निशोः	निट्सु 1.4.17 8.2.36 8.2.39 8.3.29	दिशि	दिशोः	दिक्षु 8.2.36 8.2.39 8.2.62 8.4.55
विपाश् beas river in punjab				e.g. east, south west		
Use Template विश् m				Template तादृश् m, 3.2.59		
Synonym निशा f declines like रमा, निशा । निशे । निशाः ।				Synonym ककुभ् f		

Notes – By Sandhi

The ending श् of dhatu-nouns (dhatus that form nouns) is changed to ट् or ड् (note that निश् is a noun). But the ending श् of dhatus (dhatus that form verbs) is changed to क् or ग् । 8.2.63

प्रावृष् Rainy season, Monsoon

प्रावृष्	षकारान्तः	ष्	f
V हे	प्रावृट्	प्रावृषौ	प्रावृषः
1	प्रावृट् 6.1.68 1.4.17 8.2.39 8.4.55	प्रावृषौ	प्रावृषः 8.2.66 8.3.15
2	प्रावृषम्	प्रावृषौ	प्रावृषः
3	प्रावृषा	प्रावृड्भ्याम् 1.4.17 8.2.39	प्रावृड्भिः
4	प्रावृषे	प्रावृड्भ्याम्	प्रावृड्भ्यः
5	प्रावृषः	प्रावृड्भ्याम्	प्रावृड्भ्यः
6	प्रावृषः	प्रावृषोः	प्रावृषाम्
7	प्रावृषि	प्रावृषोः	प्रावृट्सु 1.4.17 8.2.39 8.4.55
similar त्विष् lustre. Template द्विष् m, declension sutras as राज् m			

भास् Light, illumination, understanding आशिस् Bless, Grace

भास्	सकारान्तः स्		f	आशिस्	स्	f
V हे	भाः	भासौ	भासः	आशीः	आशिषौ	आशिषः
1	भाः 6.1.68 8.2.66 8.3.15	भासौ	भासः 8.2.66 8.3.15	आशीः	आशिषौ	आशिषः
2	भासम्	भासौ	भासः	आशिषम्	आशिषौ	आशिषः
3	भासा	भाभ्याम् 8.2.66 8.3.17 8.3.22	भाभिः 8.2.66 8.3.17 8.3.22	आशिषा	आशीर्भ्याम्	आशीर्भिः
4	भासे	भाभ्याम्	भाभ्यः	आशिषे	आशीर्भ्याम्	आशीर्भ्यः
5	भासः	भाभ्याम्	भाभ्यः	आशिषः	आशीर्भ्याम्	आशीर्भ्यः
6	भासः	भासोः	भासाम्	आशिषः	आशिषोः	आशिषाम्
7	भासि	भासोः	भास्सु	आशिषि	आशिषोः	आशिष्षु
similar stem उषस् dawn				Sutras Identical to दोस्		

उपानह् Shoe, ladies Belly, footwear, boots, alter ego

उपानह्	हकारान्तः	ह्	f
V हे	उपानत्	उपानहौ	उपानहः
1	उपानत् 8.2.34 8.2.39 8.4.56	उपानहौ	उपानहः 8.2.66 8.3.15
2	उपानहम्	उपानहौ	उपानहः
3	उपानहा	उपानद्भ्याम् 8.2.34	उपानद्भिः 8.2.34
4	उपानहे	उपानद्भ्याम्	उपानद्भ्यः
5	उपानहः	उपानद्भ्याम्	उपानद्भ्यः
6	उपानहः	उपानहोः	उपानहाम्
7	उपानहि	उपानहोः	उपानत्सु 8.2.34 8.2.39 8.4.55

Neuter च् ज् त् द् न् श् ष् स् ह् stem final Consonant

हलन्तः नपुंसकलिङ्ग प्रकरणम् wrt Maheswar Sutras and the Alphabet

	अ इ उ ण्	1	क	ख	ग	घ	ङ
	ऋ ऌ क्	2	च	छ	ज	झ	ञ
	ए ओ ङ्	3	ट	ठ	ड	ढ	ण
	ऐ औ च्	4	त	थ	द	ध	न
र्	हयवरट्	5	प	फ	ब	भ	म
	लँण्	6	य	र	ल	व	
न्	ञमङणनम्	7	श	ष	श		
	झभञ्	8	ह				
	घढधष्	9					
ज्, द्	जबगडदश्	10					
च्, त्	खफछठथचटतव्	11					
	कपय्	12					
श्, ष्, स्	शषसर्	13					
ह्	हल्	14					

- Most consonant ending neuter words are declined just the same as masculine words of appropriate ending, 3rd case onwards.
- 2nd case identical to 1st case by modified affixes (- ई इ)

सुवाच् Eloquent speech, oratory

सुवाच्	चकारान्तः	च्	n
V हे	सुवाक्	सुवाची	सुवाञ्चि
1	सुवाक् / सुवाग् 7.1.23 1.4.14 8.2.30 8.2.39 / 8.4.56	सुवाची 7.1.19	सुवाञ्चि 7.1.20 7.1.72 8.3.24 8.4.58
2	सुवाक् 7.1.23 1.4.14 8.2.30 8.2.39 8.4.56	सुवाची 7.1.19	सुवाञ्चि 7.1.20 7.1.72 8.3.24 8.4.58
3	सुवाचा	सुवाग्भ्याम् 1.4.17 8.2.30 8.2.39	सुवाग्भिः 1.4.17 8.2.30 8.2.39 8.2.66 8.3.15
4	सुवाचे	सुवाग्भ्याम् 1.4.17 8.2.30 8.2.39	सुवाग्भ्यः 1.4.17 8.2.30 8.2.39 8.2.66 8.3.15
5	सुवाचः 8.2.66 8.3.15	सुवाग्भ्याम् 1.4.17 8.2.30 8.2.39	सुवाग्भ्यः 1.4.17 8.2.30 8.2.39 8.2.66 8.3.15
6	सुवाचः 8.2.66 8.3.15	सुवाचोः 8.2.66 8.3.15	सुवाचाम्
7	सुवाचि	सुवाचोः 8.2.66 8.3.15	सुवाक्षु 8.2.30 8.3.59
Template जलमुच् m (3rd case onwards)			

Notice that the upasarga सु + वाच् f made it सुवाच् neuter

असृज्

असृज्	जकारान्तः	ज्	n
V हे	असृक्	असृजी	असृञ्जि
1	असृक् 7.1.23 1.4.14 8.2.30 8.4.56	असृजी 7.1.19	असृञ्जि 7.1.20 7.1.72 8.3.24 8.4.58
2	असृक् 7.1.23 1.4.14 8.2.30 8.4.56	असृजी 7.1.19	असृञ्जि 7.1.20 7.1.72 8.3.24 8.4.58
3	असृजा	असृग्भ्याम् 1.4.17 8.2.30	असृग्भिः 1.4.17 8.2.30
4	असृजे	असृग्भ्याम् 1.4.17 8.2.30	असृग्भ्यः 1.4.17 8.2.30
5	असृजः 8.2.66 8.3.15	असृग्भ्याम् 1.4.17 8.2.30	असृग्भ्यः 1.4.17 8.2.30
6	असृजः 8.2.66 8.3.15	असृजोः 8.2.66 8.3.15	असृजाम्
7	असृजि	असृजोः 8.2.66 8.3.15	असृक्षु 1.4.17 8.2.30 8.4.55
blood			
Template वणिज् m (3rd case onwards)			
Stem असृज् is by ऋज् Unadi affix, and not from Dhatu सृज् hence 8.2.36 doesn't apply.			

जगत् world, society

जगत्	त् = तकारान्तः		n	Sup affixes		
V हे	जगत्	जगती	जगन्ति	Similar to nominative		
1	जगत् 7.1.23	जगती 7.1.19	जगन्ति 7.1.20 7.1.72 8.3.24 8.4.58	-	ई	इ
2	जगत् 7.1.23	जगती 7.1.19	जगन्ति 7.1.20 7.1.72 8.3.24 8.4.58	-	ई	इ
3	जगता	जगद्भ्याम् 1.4.17 8.2.39	जगद्भिः 1.4.17 8.2.39 8.2.66 8.3.15	आ	भ्याम्	भिस्
4	जगते	जगद्भ्याम् 1.4.17 8.2.39	जगद्भ्यः 1.4.17 8.2.39 8.2.66 8.3.15	ए	भ्याम्	भ्यस्
5	जगतः 8.2.66 8.3.15	जगद्भ्याम् 1.4.17 8.2.39	जगद्भ्यः 1.4.17 8.2.39 8.2.66 8.3.15	अस्	भ्याम्	भ्यस्
6	जगतः	जगतोः	जगताम्	अस्	ओस्	आम्
7	जगति	जगतोः	जगत्सु	इ	ओस्	सु

World (manifest creation), universe, group of name and form

भास्वत् shining, गतवत् one who went, सुन्वत् extracting, तन्वत् stretching, रुन्धत् preventing, क्रीणत् buying, अदत् eating, बृहत् great, पृषत् waterdrop

Identical to मरुत् m (3rd case onwards). जगत् is template for many neuter words. मत्वन्ताः , वत्वन्ताः , etc. present participle active शतृ ending (roots of conjugations स्वादि 5c, तनादि 7c, रुधादि 8c, क्रयादि 9c)

Use of 6.4.8 is very typical wrt नुम् आगम, understand carefully. 6.4.8 applies to नान्त अङ्ग and नुम् is put **after final vowel** of anga.

1/3 फल +इ 7.1.72 फल् अ न् +इ = फलन् इ = नान्त अङ्ग = 6.4.8 = फलानि ।

1/3 जगत् +इ 7.1.72 जग् अ न् त् इ = जगन्त् इ = ~~नान्त अङ्ग~~ = ~~6.4.8~~ = जगन्ति ।

ददत् act of giving charity तुदत् act of giving pain

ददत्	तकारान्तः त् n		participle	तुदत्	त् neuter	participle
V हे	ददत्	ददती	ददति , ददन्ति	तुदत्	तुदन्ती , तुदती	तुदन्ति
1	ददत्	ददती	ददति , ददन्ति 7.1.79	तुदत्	तुदन्ती , तुदती 7.1.80	तुदन्ति 7.1.72
2	ददत्	ददती	ददति , ददन्ति	तुदत्	तुदन्ती , तुदती	तुदन्ति
3	ददता	ददद्भ्यां	ददद्भिः	तुदता	तुदद्भ्याम्	तुदद्भिः
4	ददते	ददद्भ्यां	ददद्भ्यः	तुदते	तुदद्भ्याम्	तुदद्भ्यः
5	ददतः	ददद्भ्यां	ददद्भ्यः	तुदतः	तुदद्भ्याम्	तुदद्भ्यः
6	ददतः	ददतोः	ददताम्	तुदतः	तुदतोः	तुदताम्
7	ददति	ददतोः	ददत्सु	तुदति	तुदतोः	तुदत्सु
Giving (the act of, to give), Active present participle verb-noun. From 3c Root दा reduplicated				Giving pain (the act of) Active present participle verb-noun. From 6c Root तुद्		
जुह्वत् sacrificing, शंसत् ruling, जक्षत् eating, चकासत् shining, दरिद्रत् one becoming poor, जाग्रत् awake				पृच्छत् asking, मुञ्चत् releasing, यात् going, भात् shining, करिष्यत् one who will do		
Template मरुत् m (from 3rd case)				Template मरुत् m (3rd case)		

पचत् act of cooking

पचत्	तकारान्तः	त्	n participle
V हे	पचत्	पचन्ती	पचन्ति
1	पचत्	पचन्ती 7.1.81	पचन्ति 7.1.72
2	पचत्	पचन्ती	पचन्ति
3	पचता	पचद्भ्याम् 8.2.39	पचद्भिः 8.2.39
4	पचते	पचद्भ्याम्	पचद्भ्यः
5	पचतः	पचद्भ्याम्	पचद्भ्यः
6	पचतः	पचतोः	पचताम्
7	पचति	पचतोः	पचत्सु
cooking (the act of), Active present participle verb-noun. From 1c Root पच् + शतृ (अत्) affix = पचत् stem			
भवत् being, दीव्यत् playing, चोरयत् stealing, चिकीर्षत् desiring to do, पुत्रीयत् desiring a child			
Template जगत् । Compare with masculine पचत् । This पचत् is Template for neuter present participle active voice शतृ कर्त्तरि ।			

Discussion of 1st case spellings for तकारान्त neuter stems

Singular	Dual	plural
जगत्	जगती	जगन्ति 7.1.72 नुम् आगम since neuter
ददत्	ददती	ददन्ति / ददति 7.1.79 since reduplicated 3c root
तुदत्	तुदती / तुदन्ती 7.1.80 since without शप् 6c root	तुदन्ति 7.1.72 नुम् आगम since neuter
पचत्	पचन्ती 7.1.81 since शप् affixed 1c root	पचन्ति 7.1.72 नुम् आगम since neuter
महत्	महती	महान्ति 6.4.10 specific sutra

महत् massive, huge, great

महत्	तकारान्तः	त्	n
V हे	महत्	महती	महान्ति
1	महत्	महती	महान्ति 6.4.10
2	महत्	महती	महान्ति
3	महता	**महद्भ्याम्**	**महद्भिः**
4	महते	**महद्भ्याम्**	**महद्भ्यः**
5	महतः	**महद्भ्याम्**	**महद्भ्यः**
6	महतः	महतोः	महताम्
7	महति	महतोः	महत्सु
Compare with masculine महत् , declines like जगत् except for 6.4.10			
Template मरुत् m (3rd case onwards)			

हृद् heart, core, blueprint of something

हृद्	दकारान्तः	द्	n
V हे	हृत्	हृदी	हृन्दि
1	हृत् 8.4.56	हृदी	हृन्दि 7.1.72
2	हृत्	हृदी	हृन्दि
3	हृदा	हृद्भ्याम्	हृद्भिः
4	हृदे	हृद्भ्याम्	हृद्भ्यः
5	हृदः	हृद्भ्याम्	हृद्भ्यः
6	हृदः	हृदोः	हृदाम्
7	हृदि	हृदोः	हृत्सु 8.4.55
Compare with masculine सुहृद् , declines like जगत्			

नामन् name, surname, formal name, label

नामन्	नकारान्तः	न्	n
V हे	नामन् / नाम 7.1.88 Vartika	नाम्नी / नामनी	नामानि
1	नाम 7.1.23 1.4.14 8.2.7	नाम्नी / नामनी 7.1.19 6.4.134 / 6.4.136	नामानि 7.1.20 6.4.8
2	नाम 7.1.23 1.4.14 8.2.7	नाम्नी / नामनी 7.1.19 6.4.134 / 6.4.136	नामानि 7.1.20 6.4.8
3	नाम्ना 6.4.134	नामभ्याम् 1.4.17 8.2.7	नामभिः 1.4.17 8.2.7 8.2.66 8.3.15
4	नाम्ने 6.4.134	नामभ्याम्	नामभ्यः
5	नाम्नः 6.4.134	नामभ्याम्	नामभ्यः
6	नाम्नः 6.4.134	नाम्नोः 6.4.134 8.2.66 8.3.15	नाम्नाम् 6.4.134
7	नाम्नि / नामनि 6.4.134 / 6.4.136	नाम्नोः 6.4.134 8.2.66 8.3.15	नामसु 1.4.17 8.2.7
धामन् lustre, house, व्योमन् sky, हेमन् gold			
Template राजन् m (3rd case onwards). However note that in राजन् forms, by sandhi ज् + न् अ = ज् + ञ् अ = ज्ञ । That does not occur here. म् + न् अ = म्न ।			

कर्मन् action ब्रह्मन् supreme consciousness

कर्मन् नकारान्तः न्			n	ब्रह्मन्	न्	n
V हे	कर्मन् / कर्म 7.1.88 Vartika	कर्मणी	कर्माणि	ब्रह्मन् / ब्रह्म	ब्रह्मणी	ब्रह्माणि
1	कर्म 7.1.23 1.4.14 8.2.7	कर्मणी 7.1.19 6.4.137 8.4.2	कर्माणि 7.1.20	ब्रह्म	ब्रह्मणी	ब्रह्माणि
2	कर्म	कर्मणी	कर्माणि	ब्रह्म	ब्रह्मणी	ब्रह्माणि
3	कर्मणा	कर्मभ्याम्	कर्मभिः	ब्रह्मणा	ब्रह्मभ्यां	ब्रह्मभिः
4	कर्मणे	कर्मभ्याम्	कर्मभ्यः	ब्रह्मणे	ब्रह्मभ्यां	ब्रह्मभ्यः
5	कर्मणः	कर्मभ्याम्	कर्मभ्यः	ब्रह्मणः	ब्रह्मभ्यां	ब्रह्मभ्यः
6	कर्मणः	कर्मनोः	कर्मणाम्	ब्रह्मणः	ब्रह्मनोः	ब्रह्मणाम्
7	कर्मणि	कर्मनोः	कर्मसु	ब्रह्मणि	ब्रह्मनोः	ब्रह्मसु
Action, physical or mental work				Primal soul, supreme consciousness, ultimate reality of scriptures		
ब्रह्मन् soul, जन्मन् birth, शर्मन् happiness, वर्मन् armour, वेश्मन् house, सद्मन् house				declines same as कर्मन्		
Template आत्मन् m (3rd case onwards)				Template ब्रह्मन् m (3rd case onwards)		

अहन् day (duration between 6am to 6pm)

अहन्	नकारान्तः न्		n
V हे	अहः	अह्नी / अहनी	अहानि
1	अहः 7.1.23 1.1.62 1.4.14 8.2.69 8.3.15	अह्नी / अहनी 7.1.19 6.4.134 / 6.4.136	अहानि 7.1.20 6.4.8
2	अहः 7.1.23 1.1.62 1.4.14 8.2.69 8.3.15	अह्नी / अहनी 7.1.19 6.4.134 / 6.4.136	अहानि 7.1.20 6.4.8
3	अह्ना 6.4.134	अहोभ्याम् 1.4.17 8.2.68 6.1.114 6.1.87	अहोभिः 1.4.17 8.2.68 6.1.114 6.1.87 8.2.66 8.3.15
4	अह्ने 6.4.134	अहोभ्याम्	अहोभ्यः
5	अह्नः 6.4.134 8.2.66 8.3.15	अहोभ्याम्	अहोभ्यः
6	अह्नः	अह्नोः	अह्नाम् 6.4.134
7	अह्नि / अहनि 6.4.134 / 6.4.136	अह्नोः 6.4.134 8.2.66 8.3.15	अहःसु / अहस्सु 8.3.15 / 8.3.36 8.3.34
A rare neuter declension that does not have a corresponding masculine template			
Pronounce अह्न as अनः (अनह aspirated – **anh** rather than ***ahn***). This is one of the rare words in Sanskrit that is not pronounced as it is written!			
7/3 अहन् सु 1.4.17 8.2.68 अहरुँ सु 1.3.2 अहर् सु 8.3.15 अहःसु । अहःसु 8.3.36 8.3.34 अहस्सु ।			

गुणिन् meritorious

गुणिन्	नकारान्तः	न्	n adjective
V हे	गुणिन् , गुणि 7.1.88 Vartika	गुणिनी	गुणीनि
1	गुणि 7.1.23 1.4.14 8.2.7	गुणिनी 7.1.19	गुणीनि 7.1.20 6.4.8
2	गुणि	गुणिनी	गुणीनि
3	गुणिना	गुणिभ्याम्	गुणिभिः
4	गुणिने	गुणिभ्याम्	गुणिभ्यः
5	गुणिनः	गुणिभ्याम्	गुणिभ्यः
6	गुणिनः	गुणिनोः	गुणिनाम्
7	गुणिनि	गुणिनोः	गुणिषु
कुशलिन् happy, वाग्मिन् orator, दण्डिन् one having a stick (Dandiswami, the stick signifies self-restraint)			
Template करिन् m (3rd case onwards) except for 8.4.2			

A discussion of the variation in नकारान्तः stems नामन् , कर्मन् , अहन् , गुणिन् ।

- 1/1 अहः Special Sutra 8.2.68, 8.2.69 for this stem.

- 1/2 नाम्नी / नामनी By 6.4.134 / 6.4.136 we have two forms.
- 1/2 कर्मणी By 6.4.137 one form due to conjunct in stem.
- 1/2 अह्नी / अहनी By 6.4.134 / 6.4.136 we have two forms.
- 1/2 गुणिनी 6.4.134 does not apply due to इन् in stem, 6.4.137 does not apply as no conjunct in stem.

वार् water, still waters, deep blue sea

वार्	रेफान्तः	र्	n
V हे	वाः	वारी	वारि
1	वाः 7.1.23	वारी 7.1.19	वारि 7.1.20
2	वाः	वारी	वारि
3	वारा	वार्भ्याम्	वार्भिः
4	वारे	वार्भ्याम्	वार्भ्यः
5	वारः	वार्भ्याम्	वार्भ्यः
6	वारः	वारोः	वाराम्
7	वारि	वारोः	वार्षु 8.3.59
Synonym वारी n , Template गिर् f (3rd case onwards) except 8.2.76 for vowel lengthening doesn't apply here.			

तादृश् likewise, such, like that, of that kind

तादृश्	शकारान्तः	श्	n adverb
V हे	तादृक्	तादृशी	तादृंशि
1	तादृक् 7.1.23 1.4.14 8.2.36 8.2.39 3.2.60 8.2.62 8.4.56	तादृशी 7.1.19	तादृंशि 7.1.20 7.1.72 8.3.24
2	तादृक्	तादृशी	तादृंशि
3	तादृशा	तादृग्भ्याम्	तादृग्भिः
4	तादृशे	तादृग्भ्याम्	तादृग्भ्यः
5	तादृशः	तादृग्भ्याम्	तादृग्भ्यः
6	तादृशः	तादृशोः	तादृशाम्
7	तादृशि	तादृशोः	तादृक्षु
ईदृश् like this, **एतादृश्** of this kind, **कीदृश्** of what kind? Template **तादृश्** m			
1/3 तादृश् +इ 7.1.72 तादृ न् श् +इ = तादृन्श् +इ = ~~नान्त अङ्ग~~ = ~~6.4.8~~ = तादृन्शि । तादृन्शि 8.3.24 तादृंशि ।			

सुत्विष् shiny, glowing, lustrous, brilliant

सुत्विष्	षकारान्तः	ष्	n adjective
V हे	सुत्विट्	सुत्विषी	सुत्विंषि
1	सुत्विट् 7.1.23 8.2.39 8.4.56	सुत्विषी 7.1.19	सुत्विंषि 7.1.20 7.1.72 8.3.24
2	सुत्विट् 7.1.23 8.2.39 8.4.56	सुत्विषी 7.1.19	सुत्विंषि 7.1.20 7.1.72 8.3.24
3	सुत्विषा	सुत्विड्भ्याम् 8.2.39	सुत्विड्भिः 8.2.39
4	सुत्विषे	सुत्विड्भ्याम् 8.2.39	सुत्विड्भ्यः 8.2.39
5	सुत्विषः	सुत्विड्भ्याम् 8.2.39	सुत्विड्भ्यः 8.2.39
6	सुत्विषः	सुत्विषोः	सुत्विषाम्
7	सुत्विषि	सुत्विषोः	सुत्विट्सु 8.2.39 8.4.55
रत्नमुष् jewel thief, usually masculine; however if an animal or bird tries to steal something sparkling, it is neuter.			
Template द्विष् m (3rd case onwards)			
1/3 and 2/3 सुत्विन्ष् +इ → सुत्विंषि । However Sabda Manjari book lists it as सुत्वींषि । Whereas रत्नमुष् is listed as रत्नमुंषि and तादृश् as तादृंशि with short penultimate vowel since ~~नान्त अङ्ग~~ = sutra 6.4.8 cannot apply.			

मनस् mind, thoughts, opinion

मनस्	सकारान्तः स्		n
V हे	मनः	मनसी	मनांसि
1	मनः	मनसी	मनांसि 7.1.72 6.4.8
2	मनः	मनसी	मनांसि
3	मनसा	मनोभ्यां	मनोभिः
4	मनसे	मनोभ्यां	मनोभ्यः
5	मनसः	मनोभ्यां	मनोभ्यः
6	मनसः	मनसोः	मनसाम्
7	मनसि	मनसोः	मनस्सु
Mind, the thought machine, opinion			
तपस् penance, यशस् fame, गरीयस् heavier, श्रेयस् best, तमस् ignorance			
Template वेधस् m (3rd case onwards)			
Any words ending in ईयस् e.g. गरीयस् , अपि क्लीबे एवमेव also in neuter decline like this only.			

हविस् Oblation, वपुस् body, trunk

हविस्	सकारान्तः स्		n	वपुस्	स्	n
V हे	हविः	हविषी	हवींषि	वपुः	वपुषी	वपूंषि
1	हविः	हविषी 8.3.59	हवींषि 7.1.72 6.4.10 8.3.58	वपुः	वपुषी	वपूंषि
2	हविः	हविषी	हवींषि	वपुः	वपुषी	वपूंषि
3	हविषा 8.3.59	हविर्भ्यां	हविर्भिः	वपुषा	वपुर्भ्यां	वपुर्भिः
4	हविषे	हविर्भ्यां	हविर्भ्यः	वपुषे	वपुर्भ्यां	वपुर्भ्यः
5	हविषः	हविर्भ्यां	हविर्भ्यः	वपुषः	वपुर्भ्यां	वपुर्भ्यः
6	हविषः	हविषोः	हविषाम् 8.3.59	वपुषः	वपुषोः	वपुषाम्
7	हविषि	हविषोः	हविष्षु 8.3.59 8.4.41	वपुषि	वपुषोः	वपुष्षु

offering of ghee into a fire ritual	Body, structure, anatomy
सर्पिस् ghee, ज्योतिस् light, glow, रोचिस् light	आयुस् life, चक्षुस् eye, धनुस् bow
Neuter that doesn't have corresponding masculine template	Synonym शरीर m Declines same as हविस् n

1/2 हविस् ई 8.3.59 हविषी । Similarly in other cases by 8.3.59 सकार changes to षकार ।

1/3 वपुस् +इ 7.1.72 वपुन् स् +इ = वपुन्स् +इ 6.4.10 वपून्सि 8.3.24 वपूंसि 8.3.59 8.3.58 वपूंषि ।

7/3 वपुस् +सु 8.3.59 वपुस् +षु 8.4.41 वपुष् +षु = वपुष्षु ।

तस्थिवस् That which has stood steadfast, pillar

तस्थिवस्	तस्थ् इ वस् = सकारान्तः		n
V हे	तस्थिवत्	तस्थुषी	तस्थिवांसि
1	तस्थिवत् 1.4.14 8.2.39 8.4.56	तस्थुषी 7.2.67 1.4.18 6.4.131 6.1.108 8.3.59	तस्थिवांसि 7.1.72 6.4.10 8.3.24
2	तस्थिवत्	तस्थुषी	तस्थिवांसि
3	तस्थुषा 7.2.67 1.4.18 6.4.131 6.1.108 8.3.59	तस्थिवद्भ्यां 1.4.17 8.2.39	तस्थिवद्भिः 1.4.17 8.2.39 8.2.66 8.3.15
4	तस्थुषे	तस्थिवद्भ्यां	तस्थिवद्भ्यः
5	तस्थुषः	तस्थिवद्भ्यां	तस्थिवद्भ्यः
6	तस्थुषः	तस्थुषोः	तस्थुषाम्
7	तस्थुषि	तस्थुषोः	तस्थिवत्सु 1.4.17 8.2.39

That which has withstood time, or a difficult sittuation

ऊचिवस् that which has spoken, उपेयिवस् that which has approached.

Template विद्वस् m (3rd case onwards)

तस्थिवस् is a वस् अन्त stem made by क्वसु affix. By 7.2.67 it contains इडागम इकार । तस्थिवस् = तस्थ्इवस् । By 6.4.131 Samprasarana व् → उ happens. 3/1 तस्थिवस् +आ = तस्थिव्अस् +आ 6.4.131 तस्थिउअस् +आ 6.1.108 तस्थिउस् +आ । By paribhasha अकृतव्यूहाः पाणिनीयाः the इडागम इकार is dropped when Samprasarana happens. So तस्थिउस् +आ → तस्थ्उस् +आ = तस्थुस् +आ । तस्थुस् +आ 8.3.59 तस्थुष् +आ = तस्थुषा ।

अम्भोरुह् lotus, water flower, soul of water

अम्भोरुह्	हकारान्तः	ह्	n
V हे	अम्भोरुट्	अम्भोरुही	अम्भोरुंहि
1	अम्भोरुट् / अम्भोरुड् 7.1.23 1.4.14 8.2.31 8.2.39 8.4.56	अम्भोरुही 7.1.19	अम्भोरुंहि 7.1.20 7.1.72 8.3.24
2	अम्भोरुट् / ड्	अम्भोरुही	अम्भोरुंहि
3	अम्भोरुहा	अम्भोरुड्भ्याम् 1.4.17 8.2.31 8.2.39	अम्भोरुड्भिः 1.4.17 8.2.31 8.2.39 8.2.66 8.3.15
4	अम्भोरुहे	अम्भोरुड्भ्याम्	अम्भोरुड्भ्यः
5	अम्भोरुहः	अम्भोरुड्भ्याम्	अम्भोरुड्भ्यः
6	अम्भोरुहः	अम्भोरुहोः	अम्भोरुहाम्
7	अम्भोरुहि	अम्भोरुहोः	अम्भोरुट्सु / अम्भोरुट्त्सु
Template लिह् m (3rd case onwards)			
1/1 अम्भोरुह् +स् 7.1.23 अम्भोरुह् 1.4.14 8.2.31 अम्भोरुढ् 8.2.39 अम्भोरुड् 8.4.56 अम्भोरुट् । 1/3 अम्भोरुह् +अस् 7.1.20 अम्भोरुह् +इ 7.1.72 अम्भोरुन्ह् +इ 8.3.24 →अम्भोरुंह् +इ = अम्भोरुंहि । 7/3 अम्भोरुह् +सु 1.4.17 8.2.31 अम्भोरुढ् +सु 8.2.39 अम्भोरुड् +सु = अम्भोरुड्सु 8.3.29 optional अम्भोरुड् ध् सु 8.4.55 अम्भोरुड् त् सु →8.4.55 अम्भोरुट् त् सु = अम्भोरुट्त्सु । 7/3 पक्षे without using 8.3.29 अम्भोरुड्सु 8.4.55 अम्भोरुट्सु ।			

॥ इति हलन्त नपुंसकलिङ्ग प्रकरणम् ॥ ॥ इति हलन्त प्रकरणम् ॥

॥ इति साधारणशब्द विभागः ॥

Thus ends the Topic of regular-declined general-words.

Sarvanama (35 Pronoun Stems in Ganapatha)

The Sanskrit word for Pronoun is सर्व-नाम = Every-Name, i.e. that which refers to any नाम = Noun.
Grammatically, सर्वनाम refers to a collection of Stems that have specific declension Sutras. Most of these stems are used as pronouns, whereas a few are general nouns.

There are some 35 pronoun stems classified under 6 types:
1. Personal Pronouns - स्व युष्मद् अस्मद् भवत् oneself you, I, your honor,
2. Relative Pronouns – यद् यतर यतम (⁺डतर ⁺डतम) that, which
3. Interrogative Pronouns – किम् (कतर कतम) who, what
4. Demonstrative Pronouns – सर्व विश्व अन्य अन्यतर इतर त्वत् त्व नेम सम सिम त्यद् तद् एतद् इदम् अदस् (ततर ततम) this, that
5. Numeral Pronouns – एक द्वि उभ उभय a, two, both, both side
6. Directional Pronouns – पूर्व पर अवर दक्षिण उत्तर अपर अध अन्तर inner, eastern, outer

Notes regarding the Pronoun Stems
- There is no Vocative case for personal pronouns
- There is a word with same spelling अन्यतम but is not a pronoun, and that declines like राम m
- सम when it means 'all' is a pronoun and declines accordingly, when it means 'equal to' it declines like राम m
- Relative distances of demonstrative pronouns
    - इदम् closest, e.g. my body
    - एतद् close, e.g. my dress
    - अदस् distant, e.g. the fan
    - तद् far away, not seen, e.g. beyond yonder hill

Pronoun Stems & Sutras

1.1.27 सर्वादीनि सर्वनामानि ।

It points to the ganapatha which lists the 35 Sarvanama stems.
सर्व विश्व उभ उभय डतर डतम अन्य अन्यतर इतर त्वत् त्व नेम सम सिम ।
पूर्व पर अवर दक्षिण उत्तर अपर अध ।
स्व(म्) ।
अन्तर(म्) ।
त्यद् तद् यद् एतद् इदम् अदस् एक द्वि युष्मद् अस्मद् भवत्(उँ) किम् ।

- 23 अकारान्त Stems सर्व विश्व उभ उभय डतर डतम अन्य अन्यतर इतर त्व नेम सम सिम पूर्व पर अवर दक्षिण उत्तर अपर अध स्व अन्तर एक
- 1 इकारान्त Stem द्वि
- 8 तकारान्त Stems त्वत् त्यद् तद् यद् एतद् युष्मद् अस्मद् भवत्
- 2 मकारान्त Stems इदम् किम्
- 1 सकारान्त Stem अदस्

Even though these stems are so listed in ganapatha, there is a change in final letter of some stems by sutras.
किम् becomes अकारान्तः as क by 7.2.103 किमः कः ।
7.2.102 त्यदादीनामः । The stems त्यद् etc replace their final letter with अ and decline as अकारान्तः । By Vartika द्वि-पर्यन्तानामेवेष्टिः the stems त्यद् तद् यद् एतद् इदम् अदस् द्वि are meant here. एक is already अकारान्त ।

Note

> डतर डतम are not stems, rather किम् यद् तद् एक 4x2 = 8 stems ending in these affixes, कतर कतम यतर यतम ततर ततम एकतर एकतम

Thus the Pronoun stems are actually 41 in all.

Note

Pronoun Stems can be used as adjectives in all three genders mfn, so decline corresponding to their mfn counterparts.

Pronoun Gender Stems

SN	Ganapatha	Masculine	Feminine	Neuter
1	सर्व	सर्व	सर्वा	सर्व
2	विश्व	विश्व	विश्वा	विश्व
3	उभ	उभ	उभा	उभ
4	उभय	उभय	उभयी	उभय
5a	किम्+डतर	कतर	कतरा	कतर
5b	यद्+डतर	यतर	यतरा	यतर
5c	तत्+डतर	ततर	ततरा	ततर
5d	एक+डतर	एकतर	एकतरा	एकतर
6a	किम्+डतम	कतम	कतमा	कतम
6b	यद्+डतम	यतम	यतमा	यतम
6c	तत्+डतम	ततम	ततमा	ततम
6d	एक+डतम	एकतम	एकतमा	एकतम
7	अन्य	अन्य	अन्या	अन्य
8	अन्यतर	अन्यतर	अन्यतरा	अन्यतर
9	इतर	इतर	इतरा	इतर
10	त्वत्	त्वत्	त्वत्	त्वत्
11	त्व	त्व	त्वा	त्व
12	नेम	नेम	नेमा	नेम
13	सम	सम	समा	सम

14	सिम	सिम	सिमा	सिम
15	पूर्व	पूर्व	पूर्वा	पूर्व
16	पर	पर	परा	पर
17	अवर	अवर	अवरा	अवर
18	दक्षिण	दक्षिण	दक्षिणा	दक्षिण
19	उत्तर	उत्तर	उत्तरा	उत्तर
20	अपर	अपर	अपरा	अपर
21	अध	अध	अधा	अध
22	स्व	स्व	स्वा	स्व
23	अन्तर	अन्तर	अन्तरा	अन्तर
24	त्यद्	त्यअ	त्यद्	त्यअ
25	तद्	तअ	तद्	तअ
26	यद्	यअ	यद्	यअ
27	एतद्	एतअ	एतद्	एतअ
28	इदम्	इदम्	इदम्	इदम्
29	अदस्	अदस्	अदस्	अदस्
30	एक	एक	एका	एक
31	द्वि	द्व	द्वा	द्व
32	युष्मद्	युष्मद्	युष्मद्	युष्मद्
33	अस्मद्	अस्मद्	अस्मद्	अस्मद्
34	भवत्	भवत्	भवती	भवत्
35	किम्	क	का	कि

Following stems decline identically

- सर्व विश्व अन्य अन्यतर इतर त्व सम सिम, डतर डतम affixed - कतर कतम यतर यतम ततर ततम, एक Pronoun declension sutras apply when used in sense of "a/the"
- डतर डतम affixed कतर कतम यतर यतम ततर ततम neuter are तकारान्त for nominative & accusative singular case
- उभ
- उभय
- नेम
- पूर्व पर अवर दक्षिण उत्तर अपर अध स्व अन्तर (Pronoun declension Sutras apply in specific usage, and are also declined as regular nouns otherwise)

Principal Sutras for अ-ending Stems

7.1.14 सर्वनाम्नः स्मै । Affix ङे 4/1 replaced by स्मै ।
7.1.15 ङसिङ्योः स्मात्स्मिनौ । Affix ङसिँ 5/1 replaced by स्मात् , Affix ङस् 6/1 replaced by स्मिन् ।
7.1.16 पूर्वादिभ्यो नवभ्यो वा । Affix ङसिँ 5/1 replaced by स्मात् , Affix ङि 7/1 replaced by स्मिन् , for the पूर्वादि nine stems, Optionally.
7.1.17 जसः शी । The जस् 1/3 affix is replaced by शी = श् ई ।
7.1.52 आमि सर्वनाम्नः सुट् । Augment स् applies for आम् 6/3 affix.

Sutras that affect declension of listed Sarvanama Stems

1.1.33 प्रथमचरमतयाल्पार्धकतिपय-नेम(ाः) च ।
1.1.34 पूर्व-पर-अवर-दक्षिण-उत्तर-अपर-अध(राणि) व्यवस्थायाम् असंज्ञायाम् ।
1.1.35 स्व-म् अज्ञाति-धन-आख्यायाम् । Pronoun declension sutras apply when this is NOT used in the sense of genus/worth (i.e. when it used in the sense of "oneself").

1.1.36 अन्तर-म् बहिर्योगोपसंव्यानयोः । Pronoun declension sutras apply when it is used in the sense of "an outer layer that is closest".

Sutras that affect declension due to specific Usage

2.3.27 सर्वनाम्नस्तृतीया च ।

5.3.2 किंसर्वनामबहुभ्योऽद्व्यादिभ्यः ।

5.3.71 अव्ययसर्वनाम्नामकच् प्राक् टेः ।

5.3.92 किंयत्तदो निर्द्धारणे द्वयोरेकस्य डतरच् । डतर affixed stems किम् यत् तद्

5.3.93 वा बहूनां जातिपरिप्रश्ने डतमच् । डतम affixed stems किम् यत् तद्

5.3.94 एकाच्च प्राचाम् । डतर and डतम affixed stem एक

6.3.91 आ सर्वनाम्नः ।

7.3.114 सर्वनाम्नः स्याड्ढ्रस्वश्च ।

Sutras for Sarvanama-Sthana Affixes

1.1.42 शि सर्वनामस्थानम् । affix शि gets सर्वनामस्थानम् technical name.

7.1.20 जश्शसोः शिः। the 1/3 affix जस् and 2/3 affix शस् are replaced by शि for neuter stems.

1.4.17 सुँ-आदिषु अ-सर्वनामस्थाने । the initial five affixes सुँ औ जस् अम् औट् are सर्वनामस्थानम् for non-neuter stems.

6.1.70 शेश्छन्दसि बहुलम् । affix शि is used arbitrarily in Vedas.

6.1.170 अञ्चेश्छन्दसि अ-सर्वनामस्थानम् ।

6.1.199 पथिमथोः सर्वनामस्थाने ।

6.4.8 सर्वनामस्थाने चासम्बुद्धौ । penultimate vowel of stem ending in नकार is lengthened, except for Vocative, for सर्वनामस्थानम् affixes.

7.1.70 उगिदचां सर्वनामस्थाने अ-धातोः । non-dhatu stems that have उक् vowel as Tag letter get नुम् augment.

7.1.72 नपुंसकस्य झलचः । neuter stem ending in अच् or झल् gets नुम् augment when facing Sarvanamasthana affix.

7.1.86 इतोऽत् सर्वनामस्थाने ।

7.3.110 ऋतो ङिसर्वनामस्थानयोः ।

सर्व mfn - All, Everyone, Several (mfn, adjective usage)

सर्व	स् अ र् व् अ = stem अ ending, अकारान्तः masculine adjective			सुप् Affixes by 4.1.2, Tags by 1.3.2 to 1.3.9		
V हे	सर्व 6.1.69	सर्वौ	सर्वे	similar to Nominative		
1	सर्वः 8.2.66 8.3.15	सर्वौ 6.1.88	सर्वे 7.1.17 6.1.87	स्	औ	ज् अस् → ई
2	सर्वम् 6.1.107	सर्वौ 6.1.88	सर्वान् 6.1.102 6.1.103	अम्	औ ट्	श् अस्
3	सर्वेण 7.1.12 6.1.87 8.4.2	सर्वाभ्याम् 7.3.102	सर्वैः 7.1.9 6.1.88 8.2.66 8.3.15	ट् आ	भ्याम्	भिस् → ऐस्
4	सर्वस्मै 7.1.14	सर्वाभ्याम् 7.3.102	सर्वेभ्यः 7.3.103 8.2.66 8.3.15	(ङ्) ए → स्मै	भ्याम्	भ्यस्
5	सर्वस्मात् 7.1.15 6.1.101	सर्वाभ्याम् 7.3.102	सर्वेभ्यः 7.3.103 8.2.66 8.3.15	ङ् अस् इँ → स्मात्	भ्याम्	भ्यस्
6	सर्वस्य 7.1.12	सर्वयोः 7.3.104 6.1.78 8.2.66 8.3.15	सर्वेषाम् 7.1.52 7.3.103 8.3.59	(ङ्) अस्	ओस्	आम् → साम्
7	सर्वस्मिन् 7.1.15	सर्वयोः 7.3.104 6.1.78 8.2.66 8.3.15	सर्वेषु 7.3.103 8.3.59	(ङ्) इ →स्मिन्	ओस्	सु

विश्व sum total, अन्य another अन्यतर the second, इतर the rest/remaining out of two, एकतर one-sided, एकतम one-of-many, त्व-नेम-सम-सिम one other/several (these stems are synonyms), एक a/the

Stems ending in डतर / डतम affixes - कतर कतम यतर यतम ततर ततम

सर्वा feminine - All, Everyone

सर्वा	स् अ र् व् आ = stem आ ending, आकारान्तः feminine adjective			सुप् Affixes by 4.1.2, Tags by 1.3.2 to 1.3.9		
	1	2	3	1	2	3
V हे	सर्वे 7.3.106 6.1.68	सर्वे	सर्वाः	similar to Nominative		
1	सर्वा 6.1.68	सर्वे 7.1.18 6.1.105 6.1.87	सर्वाः 6.1.105 6.1.101 8.2.66 8.3.15	स्	औ	ज् अस्
2	सर्वाम् 6.1.107	सर्वे 7.1.18 6.1.105 6.1.87	सर्वाः 6.1.102 6.1.103	अम्	औ	अस्
3	सर्वया 7.3.105 6.1.78	सर्वाभ्याम्	सर्वाभिः 8.2.66 8.3.15	ट् आ	भ्याम्	भिस् → ऐस्
4	सर्वस्यै 7.3.114 6.1.88	सर्वाभ्याम्	सर्वाभ्यः	(ङ्) ए → स्या	भ्याम्	भ्यस्
5	सर्वस्याः 7.3.114 6.1.88	सर्वाभ्याम्	सर्वाभ्यः	ङ् अस् इँ → स्या	भ्याम्	भ्यस्
6	सर्वस्याः 7.3.114 6.1.88	सर्वयोः 7.3.105 6.1.78 8.2.66 8.3.15	सर्वासाम् 7.1.52	(ङ्) अस् → स्या	ओस्	आम् → स् उँ ट् + आम्
7	सर्वस्याम् 7.3.116 7.3.114	सर्वयोः	सर्वासु	(ङ्) इ → स्या +आम्	ओस्	सु
विश्वा अन्या अन्यतरा इतरा त्वा नेमा समा, stems ending in डतर / डतम affixes get आ ending in feminine कतरा कतमा, यतरा यतमा, ततरा ततमा, एकतरा एकतमा । सर्व + टाप् → सर्वा feminine stem by 4.1.4, Template रमा						

सर्व neuter – All objects, Everything

सर्व	स् अ र् व् अ = अ ending neuter			सुप् Affixes by 4.1.2		
V हे	सर्व 2.3.49 7.1.24 6.1.107 6.1.69	सर्वे	सर्वाणि	similar to Nominative		
1	सर्वम् 7.1.24 6.1.107	सर्वे 7.1.19 6.1.87	सर्वाणि 7.1.20 7.1.72 6.4.8 8.4.2	स् → अम्	औ → ई	अस् → इ
2	सर्वम्	सर्वे	सर्वाणि	अम् → अम्	औ → ई	अस् → इ
3	सर्वेण 7.1.12 6.1.87 8.4.2	सर्वाभ्याम् 7.3.102	सर्वैः 7.1.9 6.1.88 8.2.66 8.3.15	ट् आ	भ्याम्	भिस् → ऐस्
4	सर्वस्मै 7.1.14	सर्वाभ्याम् 7.3.102	सर्वेभ्यः 7.3.103 8.2.66 8.3.15	(ङ्) ए → स्मै	भ्याम्	भ्यस्
5	सर्वस्मात् 7.1.15 6.1.101	सर्वाभ्याम् 7.3.102	सर्वेभ्यः 7.3.103 8.2.66 8.3.15	ङ् अस् इँ → स्मात्	भ्याम्	भ्यस्
6	सर्वस्य 7.1.12	सर्वयोः 7.3.104 6.1.78 8.2.66 8.3.15	सर्वेषाम् 7.1.52 7.3.103 8.3.59	(ङ्) अस्	ओस्	आम् → स् उँ ट् + आम्
7	सर्वस्मिन् 7.1.15	सर्वयोः 7.3.104 6.1.78 8.2.66 8.3.15	सर्वेषु 7.3.103 8.3.59	(ङ्) इ →स्मिन्	ओस्	सु
Template फल neuter, modified by pronoun सर्व masculine						
Similar stems विश्व, सम, stems ending in डतर affix कतर यतर ततर एकतर						

> Some stems are त् ending in neuter - अन्यत् अन्यतरत् इतरत् त्वत् and stems ending in डतम affix कतमत् यतमत् ततमत् एकतमत्

Differences in अकारान्त Pronoun and Noun

Note differences between masculine Pronoun सर्व , Noun राम , feminine सर्वा , रमा , neuter सर्व , फल

	Masculine stem		Feminine stem		Neuter stem	
	Pronoun	Noun	Pronoun	Noun	Pronoun	Noun
	सर्व	राम	सर्वा	रमा	सर्व	फल
1/3	सर्वे	रामाः	-		-	
4/1	सर्वस्मै	रामाय	सर्वस्यै	रमायै	सर्वस्मै	फलाय
5/1	सर्वस्मात्	रामात्	सर्वस्याः	रमायाः	सर्वस्मात्	फलात्
6/3	सर्वेषाम्	रामाणाम्	सर्वासाम्	रमाणाम्	सर्वेषाम्	फलानाम्
7/1	सर्वस्मिन्	रामे	सर्वस्याम्	रमायाम्	सर्वस्मिन्	फले

Which brings up the Question – what if सर्व is used as somebody's Name (instead of pronominal adjective)? Then the declension of सर्व will be identical to a Noun.

noun	सर्व m	सर्वा f	सर्व n
1/3	सर्वाः	सर्वाः	सर्वाणि
4/1	सर्वाय	सर्वायै	सर्वाय
5/1	सर्वात्	सर्वायाः	सर्वात्
6/3	सर्वाणाम्	सर्वाणाम्	सर्वाणाम्
7/1	सर्वे	सर्वायाम्	सर्वे

विश्व mfn – total, sum (identically as सर्व without 8.4.2)

विश्व	masculine	अकारान्तः pronoun	adjective
V हे	विश्व	विश्वौ	विश्वे
1	विश्वः	विश्वौ	विश्वे
2	विश्वम्	विश्वौ	विश्वान्
3	विश्वेन	विश्वाभ्याम्	विश्वैः
4	विश्वस्मै	विश्वाभ्याम्	विश्वेभ्यः
5	विश्वस्मात्	विश्वाभ्याम्	विश्वेभ्यः
6	विश्वस्य	विश्वयोः	विश्वेषाम्
7	विश्वस्मिन्	विश्वयोः	विश्वेषु
विश्वा	feminine	आकारान्तः pronoun	adjective
V हे	विश्वे	विश्वे	विश्वाः
1	विश्वा	विश्वे	विश्वाः
2	विश्वाम्	विश्वे	विश्वाः
3	विश्वया	विश्वाभ्याम्	विश्वाभिः
4	विश्वस्यै	विश्वाभ्याम्	विश्वाभ्यः
5	विश्वस्याः	विश्वाभ्याम्	विश्वाभ्यः
6	विश्वस्याः	विश्वयोः	विश्वासाम्
7	विश्वस्याम्	विश्वयोः	विश्वासु
विश्व	neuter	अकारान्तः pronoun	adjective
V हे	विश्वम्	विश्वे	विश्वानि
1	विश्वम्	विश्वे	विश्वानि
2	विश्वम्	विश्वे	विश्वानि
3	विश्वेन	विश्वाभ्याम्	विश्वैः
4	विश्वस्मै	विश्वाभ्याम्	विश्वेभ्यः
5	विश्वस्मात्	विश्वाभ्याम्	विश्वेभ्यः
6	विश्वस्य	विश्वयोः	विश्वेषाम्
7	विश्वस्मिन्	विश्वयोः	विश्वेषु

उभ mfn - both, the two, pair (only in Dual)

उभ	उ भ् अ = masc/neuter अ ending, उभा feminine आ ending			सुप् Affixes by 4.1.2, Tags by 1.3.2 to 1.3.9	
	उभ	उभा	उभ		
dual	masc 2	feminine 2	neuter 2	dual	
V हे	उभौ	उभे	उभे	similar to Nominative	
1	उभौ 6.1.88	उभे 6.1.88	उभे 7.1.17 6.1.87	औ	
2	उभौ 6.1.88	उभे 6.1.88	उभे 6.1.102 6.1.103	औ	
3	उभाभ्याम् 7.3.102	उभाभ्याम्	उभाभ्याम् 7.3.102	भ्याम्	
4	उभाभ्याम् 7.3.102	उभाभ्याम्	उभाभ्याम् 7.3.102	भ्याम्	
5	उभाभ्याम् 7.3.102	उभाभ्याम्	उभाभ्याम् 7.3.102	भ्याम्	
6	उभयोः 7.3.104 6.1.78 8.2.66 8.3.15	उभयोः 7.3.104 6.1.78 8.2.66 8.3.15	उभयोः 7.3.104 6.1.78 8.2.66 8.3.15	ओस्	
7	उभयोः	उभयोः	उभयोः	ओस्	
उभ declines only in dual number. There is no singular/plural					
Template सर्व dual					

उभय mfn - to both sides, in two ways (has no Dual)

उभय	उ भ् अ य् अ = adjective stem अ ending, अकारान्तः masculine			सुप् Affixes by 4.1.2, Tags by 1.3.2 to 1.3.9		
	1	2	3	1	2	3
V हे	उभय 6.1.69	-	उभये	similar to Nominative		
1	उभयः 8.2.66 8.3.15	-	उभये 7.1.17 6.1.87	स्	-	ज् अस् → श् ई
2	उभयम् 6.1.107	-	उभयान् 6.1.102 6.1.103	अम्	-	अस्
3	उभयेन 7.1.12 6.1.87	-	उभयैः 7.1.9 6.1.88 8.2.66 8.3.15	ट् आ	-	भिस् → ऐस्
4	उभयस्मै 7.1.14	-	उभयेभ्यः 7.3.103 8.2.66 8.3.15	(ङ्) ए → स्मै	-	भ्यस्
5	उभयस्मात् 7.1.15 6.1.101	-	उभयेभ्यः 7.3.103 8.2.66 8.3.15	ङ् अस् इँ → स्मात्	-	भ्यस्
6	उभयस्य 7.1.12	-	उभयेषाम् 7.1.52 7.3.103 8.3.59	(ङ्) अस्	-	आम् → स् उँ ट् + आम्
7	उभयस्मिन् 7.1.15	-	उभयेषु 7.3.103 8.3.59	(ङ्) इ → स्मिन्	-	सु
उभय declines in singular and plural number. There is no dual. It is constructed from उभ + तयप् (अयच्) Taddhita Affix.						
Template सर्व singular and plural						

उभयी feminine (has no Dual)

उभयी	उ भ् अ य् ई = adjective stem ई ending, ईकारान्तः feminine			सुप् Affixes by 4.1.2, Tags by 1.3.2 to 1.3.9		
V हे	उभयि 7.3.107 6.1.69		उभय्यः	similar to Nominative		
1	उभयी 6.1.68		उभय्यः 6.1.105 6.1.77 8.2.66 8.3.15	स्		ज् अस्
2	उभयीम् 6.1.107		उभयीः 6.1.102	अम्		श् अस्
3	उभय्या 6.1.77		उभयीभिः 8.2.66 8.3.15	ट् आ		भिस्
4	उभय्यै 7.3.112 6.1.90 6.1.77		उभयीभ्यः	(ङ्) ए		भ्यस्
5	उभय्याः 7.3.112 6.1.90 6.1.77 8.2.66 8.3.15		उभयीभ्यः	ङ् अस् ईँ		भ्यस्
6	उभय्याः		उभयीनाम् 7.1.54 6.4.3	(ङ्) अस्		आम्
7	उभय्याम् 7.3.116 6.1.77		उभयीषु 8.3.59	(ङ्) इ		सु

उभयी declines in singular and plural number. There is no dual.
Constructed from उभ + तयप् (अयच्) Taddhita Affix + ई feminine.
Declines identical to नदी

उभय neuter (has no Dual)

उभय	उ भ् अ य् अ = adjective stem अ ending, अकारान्तः neuter			सुप् Affixes by 4.1.2, Tags by 1.3.2 to 1.3.9		
	singular		pural	1		3
V हे	उभय 2.3.49 7.1.24 6.1.107 6.1.69		उभयानि	similar to Nominative		
1	उभयम् 7.1.24 6.1.107		उभयानि 7.1.20 7.1.72 6.4.8	सु → अम्		अस् → इ
2	उभयम्		उभयानि	अम् → अम्		अस् → इ
3	उभयेन 7.1.12 6.1.87		उभयैः 7.1.9 6.1.88 8.2.66 8.3.15	ट् आ		भिस् → ऐस्
4	उभयस्मै 7.1.14		उभयेभ्यः 7.3.103	(ङ्) ए → स्मै		भ्यस्
5	उभयस्मात् 7.1.15 6.1.101		उभयेभ्यः 7.3.103	ङ् अस् इँ → स्मात्		भ्यस्
6	उभयस्य 7.1.12		उभयेषाम् 7.3.103 8.3.59	(ङ्) अस्		आम् → स् उँ ट् + आम्
7	उभयस्मिन् 7.1.15		उभयेषु 7.3.103 8.3.59	(ङ्) इ → स्मिन्		सु

उभय declines in singular and plural number. There is no dual.

It is constructed from उभ + तयप् (अयच्) Taddhita Affix.

Declines similar to सर्व neuter.

डतर mf – (कतर यतर ततर एकतर decline as सर्व)

कतर m	which of the two?	अकारान्तः pronoun	adjective
V हे	कतर	कतरौ	कतरे
1	कतरः	कतरौ	कतरे
2	कतरम्	कतरौ	कतरान्
3	कतरेण	कतराभ्याम्	कतरैः
4	कतरस्मै	कतराभ्याम्	कतरेभ्यः
5	कतरस्मात्	कतराभ्याम्	कतरेभ्यः
6	कतरस्य	कतरयोः	कतरेषाम्
7	कतरस्मिन्	कतरयोः	कतरेषु
कतरा f	which of the two?	आकारान्तः pronoun	adjective
V हे	कतरे	कतरे	कतराः
1	कतरा	कतरे	कतराः
2	कतराम्	कतरे	कतराः
3	कतरया	कतराभ्याम्	कतराभिः
4	कतरस्यै	कतराभ्याम्	कतराभ्यः
5	कतरस्याः	कतराभ्याम्	कतराभ्यः
6	कतरस्याः	कतरयोः	कतरासाम्
7	कतरस्याम्	कतरयोः	कतरासु

कतर n – who or what out of two (interrogative usage)

कतर	क् अ त् अ र् अ = अ ending neuter, interrogative		
V हे	कतरत्	कतरे	कतराणि
1	कतरत् 7.1.25 6.4.143 8.2.39 8.4.56	कतरे 7.1.19 6.1.87	कतराणि 7.1.20 7.1.72 6.4.8 8.4.2
2	कतरत् 7.1.25 6.4.143 8.2.39 8.4.56	कतरे 7.1.19 6.1.87	कतराणि 7.1.20 7.1.72 6.4.8 8.4.2
3	कतरेण	कतराभ्याम्	कतरैः
4	कतरस्मै	कतराभ्याम्	कतरेभ्यः
5	कतरस्मात्	कतराभ्याम्	कतरेभ्यः
6	कतरस्य	कतरयोः	कतरेषाम्
7	कतरस्मिन्	कतरयोः	कतरेषु

Interrogative pronouns do not have Vocative. Declines as सर्व ।

Becomes तकारान्त in 1/1 and 2/1 by 7.1.25

कतर +स् 7.1.25 कतर +अद्ड् 6.4.143 कतर् +अद्ड् 1.3.3 कतर् +अद् = कतरद् ।

Rest cases identical to सर्व neuter

यतर m	that of the two	अकारान्तः pronoun	adjective
V हे	यतर	यतरौ	यतरे
1	यतरः	यतरौ	यतरे
2	यतरम्	यतरौ	यतरान्
3	यतरेण	यतराभ्याम्	यतरैः
4	यतरस्मै	यतराभ्याम्	यतरेभ्यः
5	यतरस्मात्	यतराभ्याम्	यतरेभ्यः
6	यतरस्य	यतरयोः	यतरेषाम्
7	यतरस्मिन्	यतरयोः	यतरेषु
यतरा f	that of the two	आकारान्तः pronoun	adjective
V हे	यतरे	यतरे	यतराः
1	यतरा	यतरे	यतराः
2	यतराम्	यतरे	यतराः
3	यतरया	यतराभ्याम्	यतराभिः
4	यतरस्यै	यतराभ्याम्	यतराभ्यः
5	यतरस्याः	यतराभ्याम्	यतराभ्यः
6	यतरस्याः	यतरयोः	यतरासाम्
7	यतरस्याम्	यतरयोः	यतरासु

यतर n – that out of two (identical to कतर)

V हे	यतरत्	यतरे	यतराणि
1	यतरत्	यतरे	यतराणि
2	यतरत्	यतरे	यतराणि
3	यतरेण	यतराभ्याम्	यतरैः
4	यतरस्मै	यतराभ्याम्	यतरेभ्यः
5	यतरस्मात्	यतराभ्याम्	यतरेभ्यः
6	यतरस्य	यतरयोः	यतरेषाम्
7	यतरस्मिन्	यतरयोः	यतरेषु

ततर m	till the two	अकारान्तः pronoun	adjective
V हे	ततर	ततरौ	ततरे
1	ततरः	ततरौ	ततरे
2	ततरम्	ततरौ	ततरान्
3	ततरेण	ततराभ्याम्	ततरैः
4	ततरस्मै	ततराभ्याम्	ततरेभ्यः
5	ततरस्मात्	ततराभ्याम्	ततरेभ्यः
6	ततरस्य	ततरयोः	ततरेषाम्
7	ततरस्मिन्	ततरयोः	ततरेषु
ततरा f	till the two	आकारान्तः pronoun	adjective
V हे	ततरे	ततरे	ततराः
1	ततरा	ततरे	ततराः
2	ततराम्	ततरे	ततराः
3	ततरया	ततराभ्याम्	ततराभिः
4	ततरस्यै	ततराभ्याम्	ततराभ्यः
5	ततरस्याः	ततराभ्याम्	ततराभ्यः
6	ततरस्याः	ततरयोः	ततरासाम्
7	ततरस्याम्	ततरयोः	ततरासु

ततर n – till the two (identical to कतर)

V हे	ततरत्	ततरे	ततराणि
1	ततरत्	ततरे	ततराणि
2	ततरत्	ततरे	ततराणि
3	ततरेण	ततराभ्याम्	ततरैः
4	ततरस्मै	ततराभ्याम्	ततरेभ्यः
5	ततरस्मात्	ततराभ्याम्	ततरेभ्यः
6	ततरस्य	ततरयोः	ततरेषाम्
7	ततरस्मिन्	ततरयोः	ततरेषु

एकतर m	one of the two	अकारान्तः pronoun		adjective
V हे	एकतर	एकतरौ		एकतरे
1	एकतरः	एकतरौ		एकतरे
2	एकतरम्	एकतरौ		एकतरान्
3	एकतरेण	एकतराभ्याम्		एकतरैः
4	एकतरस्मै	एकतराभ्याम्		एकतरेभ्यः
5	एकतरस्मात्	एकतराभ्याम्		एकतरेभ्यः
6	एकतरस्य	एकतरयोः		एकतरेषाम्
7	एकतरस्मिन्	एकतरयोः		एकतरेषु
एकतरा f	one of the two	आकारान्तः pronoun		adjective
V हे	एकतरे	एकतरे		एकतराः
1	एकतरा	एकतरे		एकतराः
2	एकतराम्	एकतरे		एकतराः
3	एकतरया	एकतराभ्याम्		एकतराभिः
4	एकतरस्यै	एकतराभ्याम्		एकतराभ्यः
5	एकतरस्याः	एकतराभ्याम्		एकतराभ्यः
6	एकतरस्याः	एकतरयोः		एकतरासाम्
7	एकतरस्याम्	एकतरयोः		एकतरासु

एकतर n – one out of two (identical to कतर)

V हे	एकतरत्	एकतरे	एकतराणि
1	एकतरत्	एकतरे	एकतराणि
2	एकतरत्	एकतरे	एकतराणि
3	एकतरेण	एकतराभ्याम्	एकतरैः
4	एकतरस्मै	एकतराभ्याम्	एकतरेभ्यः
5	एकतरस्मात्	एकतराभ्याम्	एकतरेभ्यः
6	एकतरस्य	एकतरयोः	एकतरेषाम्
7	एकतरस्मिन्	एकतरयोः	एकतरेषु

डतम mf – (कतम यतम ततम एकतम identical to डतर)

कतम m	Which of them?	अकारान्तः pronoun	adjective
V हे	कतम	कतमौ	कतमे
1	कतमः	कतमौ	कतमे
2	कतमम्	कतमौ	कतमान्
3	कतमेन	कतमाभ्याम्	कतमैः
4	कतमस्मै	कतमाभ्याम्	कतमेभ्यः
5	कतमस्मात्	कतमाभ्याम्	कतमेभ्यः
6	कतमस्य	कतमयोः	कतमेषाम्
7	कतमस्मिन्	कतमयोः	कतमेषु
कतमा f	Which of them?	आकारान्तः pronoun	adjective
V हे	कतमे	कतमे	कतमाः
1	कतमा	कतमे	कतमाः
2	कतमाम्	कतमे	कतमाः
3	कतमया	कतमाभ्याम्	कतमाभिः
4	कतमस्यै	कतमाभ्याम्	कतमाभ्यः
5	कतमस्याः	कतमाभ्याम्	कतमाभ्यः
6	कतमस्याः	कतमयोः	कतमासाम्
7	कतमस्याम्	कतमयोः	कतमासु

कतम n – who or what out of many (interrogative)

कतम	क् अ त् अ म् अ = अ ending neuter, interrogative		
1	कतमत् 7.1.25 6.4.143 8.2.39 8.4.56	कतमे 7.1.19 6.1.87	कतमानि 7.1.20 7.1.72 6.4.8
2	कतमत् 7.1.25 6.4.143 8.2.39 8.4.56	कतमे 7.1.19 6.1.87	कतमानि 7.1.20 7.1.72 6.4.8
3	कतमेन	कतमाभ्याम्	कतमैः
4	कतमस्मै	कतमाभ्याम्	कतमेभ्यः
5	कतमस्मात्	कतमाभ्याम्	कतमेभ्यः
6	कतमस्य	कतमयोः	कतमेषाम्
7	कतमस्मिन्	कतमयोः	कतमेषु

Interrogative pronouns do not have Vocative. Declines as सर्व ।
Becomes तकारान्त in 1/1 and 2/1 by 7.1.25

अन्य mfn – (declines as सर्व, identical to कतर)

अन्य m	The other one	अकारान्तः pronoun	adjective
V हे	अन्य	अन्यौ	अन्ये
1	अन्यः	अन्यौ	**अन्ये**
2	अन्यम्	अन्यौ	अन्यान्
3	अन्येन	अन्याभ्याम्	अन्यैः
4	**अन्यस्मै**	अन्याभ्याम्	अन्येभ्यः
5	अन्यस्मात्	अन्याभ्याम्	अन्येभ्यः
6	**अन्यस्य**	अन्ययोः	**अन्येषाम्**
7	**अन्यस्मिन्**	अन्ययोः	अन्येषु

Differences between Pronoun सर्व and Noun राम highlighted

अन्या f	The other one	आकारान्तः pronoun	adjective
V हे	अन्ये	अन्ये	अन्याः
1	अन्या	अन्ये	अन्याः
2	अन्याम्	अन्ये	अन्याः
3	अन्यया	अन्याभ्याम्	अन्याभिः
4	अन्यस्यै	अन्याभ्याम्	अन्याभ्यः
5	अन्यस्याः	अन्याभ्याम्	अन्याभ्यः
6	अन्यस्याः	अन्ययोः	अन्यासाम्
7	अन्यस्याम्	अन्ययोः	अन्यासु

अन्य n	The other thing	अकारान्तः pronoun	adjective
V हे	अन्यत्	अन्ये	अन्यानि
1	अन्यत्	अन्ये	अन्यानि
2	अन्यत्	अन्ये	अन्यानि
3	अन्येन	अन्याभ्याम्	अन्यैः
4	अन्यस्मै	अन्याभ्याम्	अन्येभ्यः
5	अन्यस्मात्	अन्याभ्याम्	अन्येभ्यः
6	अन्यस्य	अन्ययोः	अन्येषाम्
7	अन्यस्मिन्	अन्ययोः	अन्येषु

अन्यतर mfn – (declines as सर्व, identical to कतर)

अन्यतर m	The other one of two	अकारान्तः pronoun	adjective
V हे	अन्यतर	अन्यतरौ	अन्यतरे
1	अन्यतरः	अन्यतरौ	अन्यतरे
2	अन्यतरम्	अन्यतरौ	अन्यतरान्
3	अन्यतरेण	अन्यतराभ्याम्	अन्यतरैः
4	अन्यतरस्मै	अन्यतराभ्याम्	अन्यतरेभ्यः
5	अन्यतरस्मात्	अन्यतराभ्याम्	अन्यतरेभ्यः
6	अन्यतरस्य	अन्यतरयोः	अन्यतरेषाम्
7	अन्यतरस्मिन्	अन्यतरयोः	अन्यतरेषु
अन्यतरा f	The other one of two	आकारान्तः pronoun	adjective
V हे	अन्यतरे	अन्यतरे	अन्यतराः
1	अन्यतरा	अन्यतरे	अन्यतराः
2	अन्यतराम्	अन्यतरे	अन्यतराः
3	अन्यतरया	अन्यतराभ्याम्	अन्यतराभिः
4	अन्यतरस्यै	अन्यतराभ्याम्	अन्यतराभ्यः
5	अन्यतरस्याः	अन्यतराभ्याम्	अन्यतराभ्यः
6	अन्यतरस्याः	अन्यतरयोः	अन्यतरासाम्
7	अन्यतरस्याम्	अन्यतरयोः	अन्यतरासु
अन्यतर n	The other thing of two	अकारान्तः pronoun	adjective
V हे	अन्यतरत्	अन्यतरे	अन्यतराणि
1	अन्यतरत्	अन्यतरे	अन्यतराणि
2	अन्यतरत्	अन्यतरे	अन्यतराणि
3	अन्यतरेण	अन्यतराभ्याम्	अन्यतरैः
4	अन्यतरस्मै	अन्यतराभ्याम्	अन्यतरेभ्यः
5	अन्यतरस्मात्	अन्यतराभ्याम्	अन्यतरेभ्यः
6	अन्यतरस्य	अन्यतरयोः	अन्यतरेषाम्
7	अन्यतरस्मिन्	अन्यतरयोः	अन्यतरेषु

इतर mfn – (declines as सर्व, identical to कतर)

इतर m	The other one of two	अकारान्तः pronoun	adjective
V हे	इतर	इतरौ	इतरे
1	इतरः	इतरौ	इतरे
2	इतरम्	इतरौ	इतरान्
3	इतरेण	इतराभ्याम्	इतरैः
4	इतरस्मै	इतराभ्याम्	इतरेभ्यः
5	इतरस्मात्	इतराभ्याम्	इतरेभ्यः
6	इतरस्य	इतरयोः	इतरेषाम्
7	इतरस्मिन्	इतरयोः	इतरेषु
इतरा f	The other one of two	आकारान्तः pronoun	adjective
V हे	इतरे	इतरे	इतराः
1	इतरा	इतरे	इतराः
2	इतराम्	इतरे	इतराः
3	इतरया	इतराभ्याम्	इतराभिः
4	इतरस्यै	इतराभ्याम्	इतराभ्यः
5	इतरस्याः	इतराभ्याम्	इतराभ्यः
6	इतरस्याः	इतरयोः	इतरासाम्
7	इतरस्याम्	इतरयोः	इतरासु
इतर n	The other thing of two	अकारान्तः pronoun	adjective
V हे	इतरत्	इतरे	इतराणि
1	इतरत्	इतरे	इतराणि
2	इतरत्	इतरे	इतराणि
3	इतरेण	इतराभ्याम्	इतरैः
4	इतरस्मै	इतराभ्याम्	इतरेभ्यः
5	इतरस्मात्	इतराभ्याम्	इतरेभ्यः
6	इतरस्य	इतरयोः	इतरेषाम्
7	इतरस्मिन्	इतरयोः	इतरेषु

त्वत् mf – Other, other one

त्वत्	तकारान्तः	Masc/feminine		Demonstrative Pronoun		
V हे	त्वत्	त्वतौ	त्वतः			
1	त्वत् 6.1.68 8.2.39 8.4.56	त्वतौ	त्वतः 8.2.66 8.3.15	स्	औ	अस्
2	त्वतम्	त्वतौ	त्वतः	अम्	औ	अस्
3	त्वता	त्वद्भ्याम् 8.2.39	त्वद्भिः 8.2.39 8.2.66 8.3.15	आ	भ्याम्	भिस्
4	त्वते	त्वद्भ्याम्	त्वद्भ्यः	ए	भ्याम्	भ्यस्
5	त्वतः	त्वद्भ्याम्	त्वद्भ्यः	अस्	भ्याम्	भ्यस्
6	त्वतः	त्वतोः	त्वताम्	अस्	ओस्	आम्
7	त्वति	त्वतोः 8.2.66 8.3.15	त्वत्सु 1.4.17 8.2.39 8.4.55	इ	ओस्	सु
Declines identical to मरुत् m. Identical in masculine and feminine						

त्वत् n – Other, other thing

त्वत्	तकारान्तः	त्	neuter	सुप् Affixes		
1	त्वत्	त्वती	त्वन्ति	स्	औ	अस्
2	त्वत्	त्वती	त्वन्ति	अम्	औ	अस्
3	त्वता	त्वद्भ्याम्	त्वद्भिः	आ	भ्याम्	भिस्
4	त्वते	त्वद्भ्याम्	त्वद्भ्यः	ए	भ्याम्	भ्यस्
5	त्वतः	त्वद्भ्याम्	त्वद्भ्यः	अस्	भ्याम्	भ्यस्
6	त्वतः	त्वतोः	त्वताम्	अस्	ओस्	आम्
7	त्वति	त्वतोः	त्वत्सु	इ	ओस्	सु
Demonstrative Pronoun. Declines identical to जगत् n.						

त्व mfn – (declines as सर्व)

त्व m	The other one	अकारान्तः pronoun	adjective
V हे	त्व	त्वौ	त्वे
1	त्वः	त्वौ	त्वे
2	त्वम्	त्वौ	त्वान्
3	त्वेन	त्वाभ्याम्	त्वैः
4	त्वस्मै	त्वाभ्याम्	त्वेभ्यः
5	त्वस्मात्	त्वाभ्याम्	त्वेभ्यः
6	त्वस्य	त्वयोः	त्वेषाम्
7	त्वस्मिन्	त्वयोः	त्वेषु

त्वा f	The other one	आकारान्तः pronoun	adjective
V हे	त्वे	त्वे	त्वाः
1	त्वा	त्वे	त्वाः
2	त्वाम्	त्वे	त्वाः
3	त्वया	त्वाभ्याम्	त्वाभिः
4	त्वस्यै	त्वाभ्याम्	त्वाभ्यः
5	त्वस्याः	त्वाभ्याम्	त्वाभ्यः
6	त्वस्याः	त्वयोः	त्वासाम्
7	त्वस्याम्	त्वयोः	त्वासु

त्व n	The other thing	अकारान्तः pronoun	adjective
V हे	त्व	त्वे	त्वानि
1	त्वम्	त्वे	त्वानि
2	त्वम्	त्वे	त्वानि
3	त्वेन	त्वाभ्याम्	त्वैः
4	त्वस्मै	त्वाभ्याम्	त्वेभ्यः
5	त्वस्मात्	त्वाभ्याम्	त्वेभ्यः
6	त्वस्य	त्वयोः	त्वेषाम्
7	त्वस्मिन्	त्वयोः	त्वेषु

नेम mfn - One half, a portion (declines as सर्व except 1/3)

नेम	न् ए म् अ = masc stem अ ending, अकारान्त:		
V हे	नेम	नेमौ	नेमे / नेमा:
1	नेम:	नेमौ	नेमे / नेमा: 7.1.17 6.1.87 / 1.1.33 6.1.102 8.2.66 8.3.15
2	नेमम्	नेमौ	नेमान्
3	नेमेन	नेमाभ्याम्	नेमै:
4	नेमस्मै	नेमाभ्याम्	नेमेभ्य:
5	नेमस्मात्	नेमाभ्याम्	नेमेभ्य:
6	नेमस्य	नेमयो:	नेमेषाम्
7	नेमस्मिन्	नेमयो:	नेमेषु

Similar stems प्रथम the first, चरम last, अल्प small, अर्ध half, कतिपय few, द्वय two, त्रय three.

Declines identical to सर्व except 1/3 where optional form like राम also

नेमा f - One half, a portion (identical as सर्वा)

नेमा	न् ए म् आ = feminine stem आ ending, आकारान्त:		
V हे	नेमे	नेमे	नेमा:
1	नेमा	नेमे	नेमा:
2	नेमाम्	नेमे	नेमा:
3	नेमया	नेमाभ्याम्	नेमाभि:
4	नेमस्यै	नेमाभ्याम्	नेमाभ्य:
5	नेमस्या:	नेमाभ्याम्	नेमाभ्य:
6	नेमस्या:	नेमयो:	नेमासाम्
7	नेमस्याम्	नेमयो:	नेमासु

Declines identical to सर्वा, since for 1/3 by 1.1.33 also, we get the identical नेमा: form

नेम n - One half, a portion (declines as सर्व)

नेम	न् ए म् अ = neuter stem अ ending, अकारान्तः		
V हे	नेम	नेमे	नेमानि
1	नेमम्	नेमे	नेमानि
2	नेमम्	नेमे	नेमानि
3	नेमेन	नेमाभ्याम्	नेमैः
4	नेमस्मै	नेमाभ्याम्	नेमेभ्यः
5	नेमस्मात्	नेमाभ्याम्	नेमेभ्यः
6	नेमस्य	नेमयोः	नेमेषाम्
7	नेमस्मिन्	नेमयोः	नेमेषु
Declines identical to सर्व neuter			

सम mfn – one other portion (identical to सर्व)

सम	स् अ म् अ = masc stem अ ending, अकारान्तः		
V हे	सम	समौ	समे
1	समः	समौ	समे
2	समम्	समौ	समान्
3	समेन	समाभ्याम्	समैः
4	समस्मै	समाभ्याम्	समेभ्यः
5	समस्मात्	समाभ्याम्	समेभ्यः
6	समस्य	समयोः	समेषाम्
7	समस्मिन्	समयोः	समेषु
समा	feminine stem आ ending, आकारान्तः		
V हे	समे	समे	समाः
1	समा	समे	समाः
2	समाम्	समे	समाः
3	समया	समाभ्याम्	समाभिः
4	समस्यै	समाभ्याम्	समाभ्यः
5	समस्याः	समाभ्याम्	समाभ्यः
6	समस्याः	समयोः	समासाम्
7	समस्याम्	समयोः	समासु
सम	neuter stem अ ending, अकारान्तः		
V हे	सम	समे	समानि
1	समम्	समे	समानि
2	समम्	समे	समानि
3	समेन	समाभ्याम्	समैः
4	समस्मै	समाभ्याम्	समेभ्यः
5	समस्मात्	समाभ्याम्	समेभ्यः
6	समस्य	समयोः	समेषाम्
7	समस्मिन्	समयोः	समेषु

सिम mfn – another part (identical to सर्व)

सिम	स् इ म् अ = masc stem अ ending, अकारान्तः		
V हे	सिम	सिमौ	सिमे
1	सिमः	सिमौ	सिमे
2	सिमम्	सिमौ	सिमान्
3	सिमेन	सिमाभ्याम्	सिमैः
4	सिमस्मै	सिमाभ्याम्	सिमेभ्यः
5	सिमस्मात्	सिमाभ्याम्	सिमेभ्यः
6	सिमस्य	सिमयोः	सिमेषाम्
7	सिमस्मिन्	सिमयोः	सिमेषु
सिमा	feminine stem आ ending, आकारान्तः		
V हे	सिमे	सिमे	सिमाः
1	सिमा	सिमे	सिमाः
2	सिमाम्	सिमे	सिमाः
3	सिमया	सिमाभ्याम्	सिमाभिः
4	सिमस्यै	सिमाभ्याम्	सिमाभ्यः
5	सिमस्याः	सिमाभ्याम्	सिमाभ्यः
6	सिमस्याः	सिमयोः	सिमासाम्
7	सिमस्याम्	सिमयोः	सिमासु
सिम	neuter stem अ ending, अकारान्तः		
V हे	सिम	सिमे	सिमानि
1	सिमम्	सिमे	सिमानि
2	सिमम्	सिमे	सिमानि
3	सिमेन	सिमाभ्याम्	सिमैः
4	सिमस्मै	सिमाभ्याम्	सिमेभ्यः
5	सिमस्मात्	सिमाभ्याम्	सिमेभ्यः
6	सिमस्य	सिमयोः	सिमेषाम्
7	सिमस्मिन्	सिमयोः	सिमेषु

पूर्व Prior, Eastern (mfn, adjective usage, पूर्वा f , पूर्व n)

पूर्व	प् उ र् व् अ = stem अ ending, अकारान्तः masculine adjective		
V हे	पूर्व 6.1.69	पूर्वौ	पूर्वे / पूर्वाः
1	पूर्वः	पूर्वौ	पूर्वे / पूर्वाः 7.1.17 6.1.87 / 1.1.34 6.1.102
2	पूर्वम्	पूर्वौ	पूर्वान्
3	पूर्वेण	पूर्वाभ्याम्	पूर्वैः
4	पूर्वस्मै	पूर्वाभ्याम्	पूर्वेभ्यः
5	पूर्वस्मात् / पूर्वात् 7.1.15 6.1.101 / 7.1.16	पूर्वाभ्याम्	पूर्वेभ्यः
6	पूर्वस्य	पूर्वयोः	पूर्वेषाम्
7	पूर्वस्मिन् / पूर्वे 7.1.15 / 7.1.16	पूर्वयोः	पूर्वेषु

Similar Stems पर later, subsequent, transcendental, beyond the senses, highest. अवर inferior दक्षिण southern, to the right उत्तर northern, to the left अपर lesser, not the highest अधर lower स्व oneself अन्तर something external that is closest

Similar to सर्व except for 1/3, 5/1, 7/1 optional forms exist due to 1.1.34 and 7.1.16, as these cases are pronouns in specific meaning, and nouns in other meaning.

पर mfn (identical to पूर्व as पर m, परा f, पर n)

पर m	later, subsequent, transcendental, beyond senses, highest		
V हे	पर	परौ	परे / पराः
1	परः	परौ	परे / पराः
2	परम्	परौ	परान्
3	परेण	पराभ्याम्	परैः
4	परस्मै	पराभ्याम्	परेभ्यः
5	परस्मात् / परात्	पराभ्याम्	परेभ्यः
6	परस्य	परयोः	परेषाम्
7	परस्मिन् / परे	परयोः	परेषु

अवर mfn (identical to पूर्व as अवर m, अवरा f, अवर n)

अवर m	Western, lesser, lower quality, less evolved		
V हे	अवर	अवरौ	अवरे / अवरा:
1	अवर:	अवरौ	अवरे / अवरा:
2	अवरम्	अवरौ	अवरान्
3	अवरेण	अवराभ्याम्	अवरै:
4	अवरस्मै	अवराभ्याम्	अवरेभ्य:
5	अवरस्मात् / अवरात्	अवराभ्याम्	अवरेभ्य:
6	अवरस्य	अवरयो:	अवरेषाम्
7	अवरस्मिन् / अवरे	अवरयो:	अवरेषु

दक्षिण mfn (identical to पूर्व as दक्षिण m, दक्षिणा f, दक्षिण n)

दक्षिण m	southern, to the right, direction		
V हे	दक्षिण	दक्षिणौ	दक्षिणे / दक्षिणा:
1	दक्षिण:	दक्षिणौ	दक्षिणे / दक्षिणा:
2	दक्षिणम्	दक्षिणौ	दक्षिणान्
3	दक्षिणेन	दक्षिणाभ्याम्	दक्षिणै:
4	दक्षिणस्मै	दक्षिणाभ्याम्	दक्षिणेभ्य:
5	दक्षिणस्मात् / दक्षिणात्	दक्षिणाभ्याम्	दक्षिणेभ्य:
6	दक्षिणस्य	दक्षिणयो:	दक्षेषाम्
7	दक्षिणस्मिन् / दक्षिणे	दक्षिणयो:	दक्षिणेषु

उत्तर mfn (identical to पूर्व as उत्तर m, उत्तरा f, उत्तर n)

उत्तर m	northern, to the left, direction		
V हे	उत्तर	उत्तरौ	उत्तरे / उत्तरा:
1	उत्तर:	उत्तरौ	उत्तरे / उत्तरा:
2	उत्तरम्	उत्तरौ	उत्तरान्
3	उत्तरेण	उत्तराभ्याम्	उत्तरै:
4	उत्तरस्मै	उत्तराभ्याम्	उत्तरेभ्य:
5	उत्तरस्मात् / उत्तरात्	उत्तराभ्याम्	उत्तरेभ्य:
6	उत्तरस्य	उत्तरयो:	उत्तरेषाम्
7	उत्तरस्मिन् / उत्तरे	उत्तरयो:	उत्तरेषु

अपर mfn (identical to पूर्व as अपर m, अपरा f, अपर n)

अपर m	lesser, not the highest skill, not the absolute truth		
V हे	अपर	अपरौ	अपरे / अपरा:
1	अपर:	अपरौ	अपरे / अपरा:
2	अपरम्	अपरौ	अपरान्
3	अपरेण	अपराभ्याम्	अपरै:
4	अपरस्मै	अपराभ्याम्	अपरेभ्य:
5	अपरस्मात् / अपरात्	अपराभ्याम्	अपरेभ्य:
6	अपरस्य	अपरयो:	अपरेषाम्
7	अपरस्मिन् / अपरे	अपरयो:	अपरेषु

अध mfn (identical to पूर्व as अध m, अधा f, अध n)

अध m	Lower, lower berth, lower grade		
V हे	अध	अधौ	अधे / अधा:
1	अध:	अधौ	अधे / अधा:
2	अधम्	अधौ	अधान्
3	अधेन	अधाभ्याम्	अधै:
4	अधस्मै	अधाभ्याम्	अधेभ्य:
5	अधस्मात् / अधात्	अधाभ्याम्	अधेभ्य:
6	अधस्य	अधयो:	अधेषाम्
7	अधस्मिन् / अधे	अधयो:	अधेषु

स्व mfn (identical to पूर्व as स्व m, स्वा f, स्व n)

स्व m	One's own, oneself, personal possession. No Vocative		
1	स्व:	स्वौ	स्वे / स्वा: 7.1.17 6.1.87 / 1.1.35 6.1.102
2	स्वम्	स्वौ	स्वान्
3	स्वेन	स्वाभ्याम्	स्वै:
4	स्वस्मै	स्वाभ्याम्	स्वेभ्य:
5	स्वस्मात् / स्वात्	स्वाभ्याम्	स्वेभ्य:
6	स्वस्य	स्वयो:	स्वेषाम्
7	स्वस्मिन् / स्वे	स्वयो:	स्वेषु
For case 1/3, the sutra is 1.1.35 that specifies optional pronoun			

अन्तर mfn (identical to पूर्व as अन्तर m, अन्तरा f, अन्तर n)

अन्तर m	something external that is closest, outer yet touching		
V हे	अन्तर	अन्तरौ	अन्तरे / अन्तराः
1	अन्तरः	अन्तरौ	अन्तरे / अन्तराः 7.1.17 6.1.87 / 1.1.36 6.1.102
2	अन्तरम्	अन्तरौ	अन्तरान्
3	अन्तरेण	अन्तराभ्याम्	अन्तरैः
4	अन्तरस्मै	अन्तराभ्याम्	अन्तरेभ्यः
5	अन्तरस्मात् / अन्तरात्	अन्तराभ्याम्	अन्तरेभ्यः
6	अन्तरस्य	अन्तरयोः	अन्तरेषाम्
7	अन्तरस्मिन् / अन्तरे	अन्तरयोः	अन्तरेषु
For case 1/3, the sutra is 1.1.36 that specifies optional pronoun			

त्यद् mfn (declines as तद्)

त्यद् m	That person, indeed (by 7.2.102 stem त्यद् becomes त्यअ)		
1	स्यः	त्यौ	त्ये
2	त्यम्	त्यौ	त्यान्
3	त्येन	त्याभ्याम्	त्यैः
4	त्यस्मै	त्याभ्याम्	त्येभ्यः
5	त्यस्मात्	त्याभ्याम्	त्येभ्यः
6	त्यस्य	त्ययोः	त्येषाम्
7	त्यस्मिन्	त्ययोः	त्येषु
त्यद् f	That person, that thing		
1	स्या	त्ये	त्याः
2	त्याम्	त्ये	त्याः
3	त्यया	त्याभ्याम्	त्याभिः
4	त्यस्यै	त्याभ्याम्	त्याभ्यः
5	त्यस्याः	त्याभ्याम्	त्याभ्यः
6	त्यस्याः	त्ययोः	त्यासाम्
7	त्यस्याम्	त्ययोः	त्यासु

त्यद् n	that thing		
1	त्यत्	त्ये	त्यानि
2	त्यत्	त्ये	त्यानि
3	त्येन	त्याभ्याम्	त्यै:
4	त्यस्मै	त्याभ्याम्	त्येभ्य:
5	त्यस्मात्	त्याभ्याम्	त्येभ्य:
6	त्यस्य	त्ययो:	त्येषाम्
7	त्यस्मिन्	त्ययो:	त्येषु

there is no Vocative as it is a personal pronoun

7.2.102 त्यदादीनाम: । For the stems त्यद् etc the final letter is replaced by अ when followed by a Vibhakti affix. By Vartika द्विपर्यन्तानामेवेष्टि: these stems are till द्वि , i.e. seven stems are included in त्यदादी

तद् mfn (declines as stem तअ)

तद् m	that male, he, his, theirs (by 7.2.102 stem तद् becomes तअ)		
1	स:	तौ	ते
2	तम्	तौ	तान्
3	तेन	ताभ्याम्	तै:
4	तस्मै	ताभ्याम्	तेभ्य:
5	तस्मात्	ताभ्याम्	तेभ्य:
6	तस्य	तयो:	तेषाम्
7	तस्मिन्	तयो:	तेषु

1/1 तद् +स् 7.2.102 Vartika तअ +स् = त्अअ +स् 6.1.97 त्अ +स् 7.2.106 → स्अ +स् = स +स् = सस् 8.2.66 8.3.15 स: ।

2/1 तद् +अम् 7.2.102 Vartika तअ +अम् = त्अअ +अम् 6.1.97 त्अ +अम् → 6.1.97 त+म् = तम् । 3/1 तद् +आ 7.2.102 Vartika तअ +आ = त्अअ +आ 6.1.97 त्अ +आ → 7.1.12 त+इन 6.1.87 = तेन ।

Rest as सर्व with 7.2.102 to replace final letter of stem with अ ।

तद् f	that female, she, her, theirs		
1	सा	ते	ताः
2	ताम्	ते	ताः
3	तया	ताभ्याम्	ताभिः
4	तस्यै	ताभ्याम्	ताभ्यः
5	तस्याः	ताभ्याम्	ताभ्यः
6	तस्याः	तयोः	तासाम्
7	तस्याम्	तयोः	तासु
तद् n	that thing, it's, theirs		
1	तत् 8.4.56	ते	तानि
2	तत्	ते	तानि
3	तेन	ताभ्याम्	तैः
4	तस्मै	ताभ्याम्	तेभ्यः
5	तस्मात्	ताभ्याम्	तेभ्यः
6	तस्य	तयोः	तेषाम्
7	तस्मिन्	तयोः	तेषु
there is no Vocative as it is a personal pronoun			

यद् mfn (declines as stem यअ, identical to तद्)

यद् m	Who, the one that, which (by 7.2.102 stem यद् → यअ)		
1	यः	यौ	ये
2	यम्	यौ	यान्
3	येन	याभ्याम्	यैः
4	यस्मै	याभ्याम्	येभ्यः
5	यस्मात्	याभ्याम्	येभ्यः
6	यस्य	ययोः	येषाम्
7	यस्मिन्	ययोः	येषु

यद् f	Who, that, which		
1	या	ये	याः
2	याम्	ये	याः
3	यया	याभ्याम्	याभिः
4	यस्यै	याभ्याम्	याभ्यः
5	यस्याः	याभ्याम्	याभ्यः
6	यस्याः	ययोः	यासाम्
7	यस्याम्	ययोः	यासु
यद् n	Who, that, which		
1	यत्	ये	यानि
2	यत्	ये	यानि
3	येन	याभ्याम्	यैः
4	यस्मै	याभ्याम्	येभ्यः
5	यस्मात्	याभ्याम्	येभ्यः
6	यस्य	ययोः	येषाम्
7	यस्मिन्	ययोः	येषु
there is no Vocative. Similar stems यतरद् , यतमद् in that of the two			

एतद् mfn (similar to तद् , declines as stem एतअ)

एतद् m	this male, he, his, theirs (by 7.2.102 stem एतद् → एतअ)		
1	एषः	एतौ	एते
2	एतम् , एनम्	एतौ , एनौ	एतान् , एनान्
3	एतेन , एनेन	एताभ्याम्	एतैः
4	एतस्मै	एताभ्याम्	एतेभ्यः
5	एतस्मात्	एताभ्याम्	एतेभ्यः
6	एतस्य	एतयोः , एनयोः	एतेषाम्
7	एतस्मिन्	एतयोः , एनयोः	एतेषु
1/1 एतद् +स् 7.2.102 Vartika एतअ +स् = एत्अअ +स् 6.1.97 एत्अ +स्			

7.2.106 → एस्अ +स् = एस +स् 8.3.59 एषस् 8.2.66 8.3.15 एष: ।

2/1 एतद् +अम् 7.2.102 Vartika एतअ +अम् = एत्अअ +अम् 6.1.97 एत्अ +अम् → 6.1.97 एत+म् = एतम् । 2.4.34 एनम् ।

3/1 एतद् +आ 7.2.102 Vartika एतअ +आ = एत्अअ +आ 6.1.97 एत्अ +आ → 7.1.12 एत+इन 6.1.87 = एतेन । 2.4.34 एनेन ।

Rest as सर्व with 7.2.102 to replace final letter of stem with अ ।

Optional forms by 2.4.34 द्वितीयाटौस्स्वेन: । For 2nd case, and for टा , ओस् affixes, "एन" is substituted for "एतद्" when used subsequently.

The optional forms एनम् , एनेन , etc. are to be used when there is an अन्वादेश i.e. the main form has already been used once, and the paragraph is further continuing, referring to the same pronoun, then we may use the optional form.

एतद् f	this female, she, her, theirs		
1	एषा	एते	एता:
2	एताम् , एनाम्	एते , एने	एता: , एना:
3	एतया , एनया	एताभ्याम्	एताभि:
4	एतस्यै	एताभ्याम्	एताभ्य:
5	एतस्या:	एताभ्याम्	एताभ्य:
6	एतस्या:	एतयो: , एनयो:	एतासाम्
7	एतस्याम्	एतयो: , एनयो:	एतासु
एतद् n	This thing, this, it, it's, theirs		
1	एतत्	एते	एतानि
2	एतत् , एनत् 2.4.34 Vartika	एते , एने	एतानि , एनानि
3	एतेन , एनेन	एताभ्याम्	एतै:
4	एतस्मै	एताभ्याम्	एतेभ्य:
5	एतस्मात्	एताभ्याम्	एतेभ्य:
6	एतस्य	एतयो: , एनयो:	एतेषाम्

| 7 | एतस्मिन् | एतयोः , एनयोः | एतेषु |

By 2.4.34 Vartika एनदिति नपुंसकैकवचने वक्तव्यम्, "एनत्" is substituted for "एतद्" when used subsequently, for neuter gender in singular.

इदम् mfn (declines as stem अ, 3rd case onwards सर्व)

इदम् m → अ	This (closest e.g. अक्ष soul). Usage in Upanishads.		
1	अयम्	इमौ	इमे
2	इमम् , एनम्	इमौ , एनौ	इमान् , एनान्

"इदम्" Declines as "अ" 3rd case onwards by 2.4.32, Template सर्व

3	अनेन / एनेन 7.2.102 6.1.97 7.2.112 7.1.12 6.1.97 / 2.4.34	आभ्याम् 7.2.112 7.2.113	एभिः 7.1.11
4	अस्मै	आभ्याम्	एभ्यः
5	अस्मात्	आभ्याम्	एभ्यः
6	अस्य	अनयोः , एनयोः	एषाम्
7	अस्मिन्	अनयोः , एनयोः	एषु

By 7.2.102 stem इदम् → इदअ । applies to Nominative and Accusative.
By 7.2.108 stem इदम् → इदम् for Nominative singular.
By 7.2.111 stem इदम् → अयम् for Nominative singular masculine.
1/1 इदम् +स् 7.2.111 अयम् +स् 6.1.68 अयम् ।
1/2 इदम् +औ 7.2.102 इदअ + औ 6.1.97 इद + औ 7.2.109 इम् +औ = इमौ ।
Similarly 1/3, 2/1, 2/2, 2/3.

By 2.4.32 "इदम्" is replaced with "अश्" 3rd case onwards. Here श् is a Tag letter by 1.3.3, so इदम् → अ । Remaining cases see सर्व ।

Optional forms by 2.4.34 for 2nd case, and for टा , ओस् affixes.

The optional forms एनम् , एनेन , etc. are to be used when there is an अन्वादेश = subsequent mention.

इदम् f	This (closest e.g. मति intellect). Usage in Upanishads		
1	इयम्	इमे	इमाः
2	इमाम् , एनाम्	इमे, एने	इमाः , एनाः
3	अनया , एनया	आभ्याम्	आभिः
4	अस्यै	आभ्याम्	आभ्यः
5	अस्याः	आभ्याम्	आभ्यः
6	अस्याः	अनयोः , एनयोः	आसाम्
7	अस्याम्	अनयोः , एनयोः	आसु

1/1 इदम् +स् 6.1.68 इदम् 7.2.108 इदम् 7.2.110 इयम् ।

1/2 इदम् +औ 7.2.102 इदअ औ 6.1.97 इद औ 4.1.4 इदा औ 7.1.18 इदा ई 7.2.109 इमा ई 6.1.87 इमे ।

1/3 इदम् + अस् 7.2.102 इदअ + अस् 6.1.97 इद + अस् 4.1.4 इदा अस् 7.2.109 इमा अस् 6.1.101 इमास् 8.2.66 8.3.15 इमाः ।

3/1 इदम् + आ 7.2.102 इदअ + आ 6.1.97 इद + आ 4.1.4 इदा + आ 7.2.112 अना +आ 7.3.105 अने +आ 6.1.78 अनया ।

3/1 इदम् +भ्याम् 7.2.102 इदअ भ्याम् 6.1.97 इद भ्याम् 4.1.4 इदा भ्याम् 7.2.113 आभ्याम् ।

इदम् n	This (closest e.g. शरीरम् body). Usage in Upanishads		
1 this	इदम् 7.1.23	इमे	इमानि
2 this	इदम् , एनत् 2.4.34 Vartika	इमे , एने	इमानि, एनानि
3 by this	अनेन , एनेन	आभ्याम्	एभिः
4 to this	अस्मै	आभ्याम्	एभ्यः
5 from this	अस्मात्	आभ्याम्	एभ्यः
6 of this	अस्य	अनयोः , एनयोः	एषाम्
7 in this	अस्मिन्	अनयोः , एनयोः	एषु

By 2.4.34 Vartika एनदिति नपुंसकैकवचने वक्तव्यम्, "एनत्" is substituted for "इदम्" when used subsequently, for neuter gender in singular.

अदस् mfn (declines as stem अदअ)

अदस् m	This (over there, e.g. वृक्षः tree), Usage in Upanishads. By 7.2.102 stem अदस् → अदअ । There is no Vocative.		
1	असौ 7.2.107 6.1.88 7.2.106	अमू 6.1.88 8.2.80	अमी 6.1.97 8.2.81
2	अमुम् 6.1.107 8.2.80	अमू	अमून् 8.2.81
3	अमुना 8.2.80 7.3.120 8.2.3	अमूभ्याम् 8.2.80	अमीभिः 8.2.81
4	अमुष्मै	अमूभ्याम्	अमीभ्यः
5	अमुष्मात्	अमूभ्याम्	अमीभ्यः
6	अमुष्य	अमुयोः	अमीषाम्
7	अमुष्मिन्	अमुयोः	अमीषु
4/1 अदस+ ए 7.2.102 अदअ+ए 6.1.97 अद+ए 7.1.14 अद+स्मै 8.2.80 अमु+स्मै 8.3.55 8.3.57 8.3.59 अमु+ष्मै = अमुष्मै ।			

अदस् f This (over there, e.g. लता creeper), in Upanishads

1	असौ (see masculine)	अमू 7.2.102 6.1.97 4.1.4 7.1.18	अमूः
2	अमूम्	अमू	अमूः
3	अमुया	अमूभ्याम्	अमूभिः
4	अमुष्यै	अमूभ्याम्	अमूभ्यः
5	अमुष्याः	अमूभ्याम्	अमूभ्यः
6	अमुष्याः	अमुयोः	अमूषाम्
7	अमुष्याम्	अमुयोः	अमूषु

अदस् n This (over there, e.g. गृहम् house), Usage in Upanishads

1 this	अदः 7.1.23 8.2.66 8.3.15	अमू 7.1.19 7.2.102 6.1.97 6.1.87 8.2.80	अमूनि 7.1.20 7.2.102 6.1.97 7.1.72 6.4.8 8.2.81
2 this	अदः	अमू	अमूनि
3 by	अमुना	अमूभ्यां	अमीभिः
4 to	अमुष्मै	अमूभ्यां	अमीभ्यः
5 from	अमुष्मात्	अमूभ्यां	अमीभ्यः

6 of	अमुष्य	अमुयोः	अमषाम्
7 in	अमुष्मिन्	अमुयोः	अमीषु

एक mfn (declines as सर्व)

एक m	a, the		
V हे	एक	एकौ	एके
1	एकः	एकौ	एके
2	एकम्	एकौ	एकान्
3	एकेन	एकाभ्यां	एकैः
4	एकस्मै	एकाभ्यां	एकेभ्यः
5	एकस्मात्	एकाभ्यां	एकेभ्यः
6	एकस्य	एकयोः	एकेषां
7	एकस्मिन्	एकयोः	एकेषु
एका f	a, the		
V हे	एके	एके	एकाः
1	एका	एके	एकाः
2	एकाम्	एके	एकाः
3	एकया	एकाभ्यां	एकाभिः
4	एकस्यै	ऐकाभ्यां	एकाभ्यः
5	एकस्याः	ऐकाभ्यां	एकाभ्यः
6	एकस्याः	एकयोः	एकासाम्
7	एकस्यां	एकयोः	एकासु
एक n	a, the		
V हे	एक	एके	एकानि
1	एकम्	एके	एकानि
2	एकम्	एके	एकानि
3	सर्वेण	एकाभ्यां	एकैः
4	एकस्मै	एकाभ्यां	एकेभ्यः
5	एकस्मात्	एकाभ्यां	एकेभ्यः
6	एकस्य	एकयोः	एकेषां
7	एकस्मिन्	एकयोः	एकेषु

> Article "a", "the" - Usage not in the sense of number "one" but as Article Adjective. (Numeral usage only singular case, no Vocative).

द्वि mfn – (only in Dual, declines as सर्व dual)

द्वि	two, pair. (by 7.2.102 stem द्वि = द्व्इ → द्व्अ = द्व)		
Dual	द्व masc dual	द्वा feminine dual	द्व neuter dual number
1	द्वौ	द्वे 6.1.88	द्वे
2	द्वौ	द्वे 6.1.88	द्वे
3	द्वाभ्याम्	द्वाभ्याम् 7.3.102	द्वाभ्याम्
4	द्वाभ्याम्	द्वाभ्याम्	द्वाभ्याम्
5	द्वाभ्याम्	द्वाभ्याम्	द्वाभ्याम्
6	द्वयोः	द्वयोः	द्वयोः
7	द्वयोः	द्वयोः	द्वयोः
Masculine declines as राम अकारान्त, Feminine declines as रमा आकारान्त, Neuter declines as फल अकारान्त । (called इकारान्त due to ganapatha entry द्वि). There is no Vocative, as it is used in the sense of numeral "two" as an Adjective.			
द्वि is as Pronoun when used as an adjective, e.g. "two apples". It is a number cardinal when used in pure math, e.g. "two". Declines identically as Pronoun and as Number.			

युष्मद् mfn – YOU (personal pronoun)

युष्मद् mfn	य् उ ष् म् अ द् = द् ending दकारान्तः Identical spellings in all three genders masc/feminine/neuter		
1	त्वम्	युवाम्	यूयम्
2	त्वाम् / त्वा	युवाम् / वाम्	युष्मान् / वः
3	त्वया	युवाभ्याम्	युष्माभिः
4	तुभ्यम् / ते	युवाभ्याम् / वाम्	युष्मभ्यम् / वः
5	त्वत्	युवाभ्याम्	यष्मत्
6	तव / ते	युवयोः / वाम्	युष्माकम् / वः
7	त्वयि	युवयोः	युष्मासु
Personal pronouns do not have Vocative.			
thou, you, your, yours. In texts, वः is seen as वो by visarga sandhi. वाम् is seen as वां by anusvara sandhi.			

The optional forms (त्वा ते वाम् वः) are Not used

- in the beginning of a sentence
- in the beginning of a verse
- in the beginning of a quarter verse
- immediately before particles च , ह , हा , अह , एव ।

Sutras that help decline युष्मद् and अस्मद् are listed

7.1.27 युष्मदस्मद्भ्यां ङसोऽश् । 7.1.28 ङे प्रथमयोरम् । 7.1.29 7.1.30 7.1.32 7.1.33 7.2.86 7.2.87 7.2.88 7.2.89 7.2.90 7.2.91 7.2.92 7.2.93 7.2.94 7.2.95 7.2.96 7.2.97

अस्मद् mfn – I (personal pronoun)

अस्मद् mfn	अ स् म् अ द् = द् ending दकारान्तः Identical spellings in all three genders masc/feminine/neuter		
1	अहम्	आवाम्	वयम्
2	माम् , मा	आवाम् , नौ	अस्मान् , नः
3	मया	आवाभ्याम्	अस्माभिः
4	मह्यम् , मे	आवाभ्याम् , नौ	अस्मभ्यम् , नः
5	मत्	आवाभ्याम्	अस्मत्
6	मम , मे	आवयोः , नौ	अस्माकम् , नः
7	मयि	आवयोः	अस्मासु

Personal pronouns do not have Vocative.

I, we, me, my, mine, our. In texts, In Vedic texts, नः is seen as नो, at other places it also gets dropped and we see न, by Visarga sandhi.

The optional forms (मा मे नौ नः) are Not used
- in the beginning of a sentence
- in the beginning of a verse
- in the beginning of a quarter verse
- immediately before particles च , ह , हा , अह , एव ।

e.g. for the sentence 'And mine' we will use मम च and not मे च । for the sentence 'And to me' we will use मह्यम च and not मे च ।

भवत् m - Thee, your honour, respectful address

भवत् m	तकारान्तः त्	Personal pronoun, no Vocative	
1	भवान् 6.4.14 7.1.70 6.1.68 8.2.23	भवन्तौ 7.1.70 8.3.24 8.4.58	भवन्तः 7.1.70 8.3.24 8.4.58 8.2.66 8.3.15
2	भवन्तम् 7.1.70 8.3.24 8.4.58	भवन्तौ 7.1.70 8.3.24 8.4.58	भवतः
3	भवता	भवद्भ्याम्	भवद्भिः
4	भवते	भवद्भ्याम्	भवद्भ्यः
5	भवतः	भवद्भ्याम्	भवद्भ्यः
6	भवतः	भवतोः	भवताम्
7	भवति	भवतोः	भवत्सु
भवत् is listed in Ganapatha as भवतुँ = भवत् उँ, so that 7.1.70 can apply			
Template धीमत् m			
Note

- While addressing a Guru or very senior person, we use the plural form भवन्तः instead of singular form. Otherwise for addressing someone respectfully (child or friend) we use भवान् singular form.
- While speaking to a person, the associated Verb will be in प्रथम पुरुष third person, instead of मध्यम पुरुष second person.
- Thee goes = भवान् गच्छति / भवती गच्छति । (correct) भवान् गच्छसि / भवती गच्छसि (incorrect spelling) ||||

भवती f - Thee, your honour lady, respectful address

भवती f	ईकारान्तः ई	Personal pronoun, no Vocative	
1	भवती	भवत्यौ	भवत्यः
2	भवतीम्	भवत्यौ	भवतीः
3	भवत्या	नदीभ्याम्	भवतीभिः
4	भवत्यै	नदीभ्याम्	भवतीभ्यः
5	भवत्याः	नदीभ्याम्	भवतीभ्यः
6	भवत्याः	भवत्योः	भवतीनाम्
7	भवत्याम्	भवत्योः	भवतीषु
Template नदी			

भवत् n – a revered thing, a photograph/statue

भवत् n	तकारान्तः त्	Personal pronoun, no Vocative	
1	भवान्	भवती	भवन्ति
2	भवान्	भवती	भवन्ति
3	भवता	भवद्भ्याम्	भवद्भिः
4	भवते	भवद्भ्याम्	भवद्भ्यः
5	भवतः	भवद्भ्याम्	भवद्भ्यः
6	भवतः	भवतोः	भवताम्
7	भवति	भवतोः	भवत्सु
Thee, your honour, when spoken to the Divine or a reverential element or principle			
Template जगत् n			

किम् mfn - who, what

किम् → क	masculine interrogative, declines as stem क by 7.2.103			सुप् Affixes by 4.1.2, Tags by 1.3.2 to 1.3.9		
1	कः 8.2.66 8.3.15	कौ 6.1.88	के 7.1.17 6.1.87	स्	औ	ज् अस् → श् ई
2	कम् 6.1.107	कौ 6.1.88	कान् 6.1.102 6.1.103	अम्	औ	अस्
3	केन 7.1.12 6.1.87 8.4.2	काभ्याम् 7.3.102	कैः 7.1.9 6.1.88 8.2.66 8.3.15	ट् आ	भ्याम्	भिस् → ऐस्
4	कस्मै 7.1.14	काभ्याम् 7.3.102	केभ्यः 7.3.103 8.2.66 8.3.15	(ङ्) ए → स्मै	भ्याम्	भ्यस्
5	कस्मात् 7.1.15 6.1.101	काभ्याम् 7.3.102	केभ्यः 7.3.103 8.2.66 8.3.15	ङ् अस् ङ् ईं	भ्याम्	भ्यस्
6	कस्य 7.1.12	कयोः 7.3.104 6.1.78 8.2.66 8.3.15	केषाम् 7.1.52 7.3.103 8.3.59	(ङ्) अस्	ओस्	आम् → स् उँ ट् + आम्
7	कस्मिन् 7.1.15	कयोः 7.3.104 6.1.78 8.2.66 8.3.15	केषु 7.3.103 8.3.59	(ङ्) इ →स्मिन्	ओस्	सु

Declines as क – अकारान्त by 7.2.103 (called मकारान्त due to ganapatha entry किम्)
Similar stems कतर which of the two? कतम which of the many?
Template सर्व m
Interrogative pronouns do not have Vocative.

किम् f - who, what (interrogative usage)

किम् → का	क् इ म् = stem म् ending, मकारान्तः feminine interrogative			सुप् Affixes by 4.1.2, Tags by 1.3.2 to 1.3.9		
1	का 7.2.103 6.1.68	के 7.1.18 6.1.105 6.1.87	काः 6.1.105 6.1.101 8.2.66 8.3.15	स्	औ	ज् अस् → श् ई
2	काम् 6.1.107	के	काः	अम्	औ ट्	अस्
3	कया 7.3.105 6.1.78	काभ्याम्	काभिः 8.2.66 8.3.15	ट् आ	भ्याम्	भिस् → ऐस्
4	कस्यै 7.3.114 6.1.88	काभ्याम्	काभ्यः	(ङ्) ए → स्या	भ्याम्	भ्यस्
5	कस्याः 7.3.114 6.1.88	काभ्याम्	काभ्यः	ङ् अस् ईँ →स्या	भ्याम्	भ्यस्
6	कस्याः 7.3.114 6.1.88	कयोः 7.3.104 6.1.78 8.2.66 8.3.15	कासाम् 7.1.52	(ङ्) अस् → स्या	ओस्	आम् → स् उँ ट् + आम्
7	कस्याम् 7.3.116 7.3.114	कयोः	कासु	(ङ्) इ →स्या +आम्	ओस्	सु

किम् 7.2.103 क +आ feminine affix 6.1.97 का stem.
Declines as आकारान्त सर्वा (called मकारान्त due to ganapatha entry किम्), Similar stems कतरा कतमा । Interrogative pronouns do not have Vocative.

किम् neuter - who, what (interrogative usage)

किम्	क् इ म् = म् ending neuter interrogative			सुप् Affixes by 4.1.2, Tags by 1.3.2 to 1.3.9		
1	किम्	के 6.1.88	कानि 7.1.17 6.1.87	स्	औ	ज् अस् → श् ई
2	किम् 6.1.107	के 6.1.88	कानि 6.1.102 6.1.103	अम्	औ	अस्
3	केन 7.1.12 6.1.87 8.4.2	काभ्याम् 7.3.102	कैः 7.1.9 6.1.88 8.2.66 8.3.15	ट् आ	भ्याम्	भिस् → ऐस्
4	कस्मै 7.1.14	काभ्याम् 7.3.102	केभ्यः 7.3.103 8.2.66 8.3.15	(ङ्) ए → स्मै	भ्याम्	भ्यस्
5	कस्मात् 7.1.15 6.1.101	काभ्याम् 7.3.102	केभ्यः 7.3.103 8.2.66 8.3.15	ङ् अस् इँ	भ्याम्	भ्यस्
6	कस्य 7.1.12	कयोः 7.3.104 6.1.78 8.2.66 8.3.15	केषाम् 7.1.52 7.3.103 8.3.59	(ङ्) अस्	ओस्	आम् → स् उँ ट् + आम्
7	कस्मिन् 7.1.15	कयोः 7.3.104 6.1.78 8.2.66 8.3.15	केषु 7.3.103 8.3.59	(ङ्) इ →स्मिन्	ओस्	सु
Interrogative pronouns do not have Vocative.						
In neuter, the sutra						

Numeral Cardinals सङ्ख्या 1, 2, 3

Cardinals means the numbers 1, 2, 3 written in words like one, two, three, etc. There is No Vocative case for Cardinals. Following stems are used in meaning other than number also.

- एक a, the, once, prior, one
- द्वि both, pair, twin, two
- प्रथम best, highest, first, 1st
- द्वितीय latter, second, 2nd
- चतुर्थ transcendental state, fourth, 4th
- अष्टन् maya, eighth, 8th

Rest of the stems are strictly numerals in classical usage, but in Vedic usage other meanings may also be associated.

एक one

एक	अकारान्तः	अ	mfn
singular	m 1	f 1	n 1
1	एकः	एका	एकम्
2	एकम्	एकाम्	एकम्
3	एकेन	एकया	एकेन
4	एकस्मै	एकस्यै	एकस्मै
5	एकस्मात्	एकस्याः	एकस्मात्
6	एकस्य	एकस्याः	एकस्य
7	एकस्मिन्	एकस्याम्	एकस्मिन्
नित्यमेकवचनान्तः singular case only, when used to mean numeral 1. Declines identical to सर्व in singular. No Vocative.			

द्वि two

द्वि → द्व	mfn		
dual	द्व m	द्वा f	द्व n
1	द्वौ	द्वे	द्वे
2	द्वौ	द्वे	द्वे
3	द्वाभ्याम्	द्वाभ्याम्	द्वाभ्याम्
4	द्वाभ्याम्	द्वाभ्याम्	द्वाभ्याम्
5	द्वाभ्याम्	द्वाभ्याम्	द्वाभ्याम्
6	द्वयोः	द्वयोः	द्वयोः
7	द्वयोः	द्वयोः	द्वयोः
नित्यं द्विवचनान्तः only dual case. Never used in singular or plural.			
Declines identical to सर्व in dual. 7.2.102 द्वि = द्व्इ → द्व्अ = द्व			
It is called इकारान्त only because of Ganapatha listing.			

त्रि three

त्रि	इकारान्तः	इ	mfn
plural	m	f 7.2.99	n
1	त्रयः	तिस्रः 7.2.100	त्रीणि
2	त्रीन्	तिस्रः	त्रीणि
3	त्रिभिः	तिसृभिः	त्रिभिः
4	त्रिभ्यः	तिसृभ्यः	त्रिभ्यः
5	त्रिभ्यः	तिसृभ्यः	त्रिभ्यः
6	त्रयाणाम्	तिसृणाम् 6.4.4	त्रयाणाम्
7	त्रिषु	तिसृषु 8.3.59	त्रिषु
f 1/3 त्रि +अस् 7.2.99 तिसृ +अस् 7.2.100 तिस्रः । f 6/3 त्रि +आम् 7.2.99 तिसृ +आम् 7.1.54 तिसृ +नाम् 6.4.4 तिसृनाम् 8.4.2 तिसृणाम् ।			
Declines like हरि for masculine, वारि for neuter. 6/3 त्रि +आम् 7.1.53 त्रय +आम् 7.1.54 त्रय +नाम् 6.4.3 त्रयानाम् 8.4.2 → त्रयाणाम् ।			
नित्यं बहुवचनान्तः only plural case. Not in singular or dual.			

चतुर् four

चतुर्	रेफान्तः	र् mfn		only plural case
plural	m	f	7.2.99	n
1	चत्वारः	चतस्रः 7.2.100		चत्वारि 7.1.20 7.1.98
2	चतुरः	चतस्रः		चत्वारि
3	चतुर्भिः	चतसृभिः		चतुर्भिः
4	चतुर्भ्यः	चतसृभ्यः		चतुर्भ्यः
5	चतुर्भ्यः	चतसृभ्यः		चतुर्भ्यः
6	चतुर्णाम्	चतसृणाम् 7.1.55 6.4.4		चतुर्णाम्
7	चतुर्षु	चतसृषु 8.3.59		चतुर्षु
m 1/3 चतुर् +अस् 7.1.98 चतु आ र् +अस् 6.1.77 चत्वार् +अस् = चत्वारस् 8.2.66 8.3.15 चत्वारः । m 2/3 चतुर् +अस् 8.2.66 8.3.15 चतुरः ।				
Declines like वार् 3rd case onwards in masculine/neuter.				

पञ्चन् षष् सप्तन् – five six seven

plural	Identical spelling in masculine /feminine /neuter.		
mfn	पञ्चन् five	षष् six	सप्तन् seven
1	पञ्च 7.1.22 1.4.14 8.2.7	षट् 7.1.22 8.2.39 8.4.56	सप्त 7.1.22 1.4.14 8.2.7
2	पञ्च	षट्	सप्त
3	पञ्चभिः 1.4.17 8.2.7	षड्भिः	सप्तभिः 1.4.17 8.2.7
4	पञ्चभ्यः	षड्भ्यः	सप्तभ्यः
5	पञ्चभ्यः	षड्भ्यः	सप्तभ्यः
6	पञ्चानाम् 7.1.55 6.4.7 1.4.14 8.2.7	षण्णाम् 7.1.55 8.2.39 8.4.41 8.4.45	सप्तानाम् 7.1.55 6.4.7 1.4.14 8.2.7
7	पञ्चसु 1.4.17 8.2.7	षट्सु 8.2.39 8.4.55	सप्तसु 1.4.17 8.2.7
1.1.24 gives षट् technical name. 7.1.22 drops जस् शस् affixes. 8.2.7 drops न् final. Thus 1/3 पञ्च 2/3 पञ्च ।			

अष्टन् eight

अष्टन्	नकारान्तः न् only plural case, mfn Identical spelling	
1	अष्ट	अष्टौ
2	अष्ट	अष्टौ
3	अष्टभिः	अष्टाभिः
4	अष्टभ्यः	अष्टाभ्यः
5	अष्टभ्यः	अष्टाभ्यः
6	अष्टानाम्	अष्टानाम्
7	अष्टसु	अष्टासु

1/3 अष्टन् +अस् 7.2.84 अष्टआ +अस् 6.1.101 अष्टा +अस् 7.1.21 अष्टा + औ → 6.1.88 अष्टौ । optional

1/3 अष्टन् +अस् 1.4.14 8.2.7 अष्ट +अस् 7.1.22 → अष्ट ।

3/3 अष्टन् +भिस् 7.2.84 optional अष्टआ +भिस् 6.1.101 अष्टा +भिस् 8.2.66 8.3.15 अष्टाभिः । पक्षे optional

3/3 अष्टन् +भिस् 1.4.17 8.2.7 → अष्ट +भिस् 8.2.66 8.3.15 अष्टभिः ।
Similarly 4/3, 5/3, 7/3.

6/3 अष्टन् + आम् 7.2.84 अष्टआ + नाम् 6.1.101 अष्टा + नाम् = अष्टानाम् । पक्षे

6/3 अष्टन् + आम् 7.1.55 अष्टन् + नाम् 6.4.7 अष्टान् + नाम् 1.4.14 8.2.7 अष्टा +नाम् = अष्टानाम् ।

It is seen in literature with two spellings, ह्रस्वान्त ending in short vowel and दीर्घान्त long vowel by 7.2.84

नवन् दशन् एकादशन् द्वादशन् – nine ten eleven twelve

plural	नकारान्तः न्			
mfn	नवन्	दशन्	एकादशन्	द्वादशन्
1	नव	दश	एकादश	द्वादश
2	नव	दश	एकादश	द्वादश
3	नवभिः	दशभिः	एकादशभिः	द्वादशभिः
4	नवभ्यः	दशभ्यः	एकादशभ्यः	द्वादशभ्यः
5	नवभ्यः	दशभ्यः	एकादशभ्यः	द्वादशभ्यः
6	नवानाम्	दशानाम्	एकादशानाम्	द्वादशानाम्
7	नवसु	दशसु	एकादशसु	द्वादशसु
	nine	ten	eleven	twelve
नित्यं बहुवचनान्तः only plural case. Identical spelling in masculine /feminine /neuter. Template पञ्चन्				

त्रयोदशन् चतुर्दशन् पञ्चदशन् षोडशन् – thirteen fourteen fifteen sixteen

plural	नकारान्तः न्			
mfn	त्रयोदशन्	चतुर्दशन्	पञ्चदशन्	षोडशन्
1	त्रयोदश	चतुर्दश	पञ्चदश	षोडश
2	त्रयोदश	चतुर्दश	पञ्चदश	षोडश
3	त्रयोदशभिः	चतुर्दशभिः	पञ्चदशभिः	षोडशभिः
4	त्रयोदशभ्यः	चतुर्दशभ्यः	पञ्चदशभ्यः	षोडशभ्यः
5	त्रयोदशभ्यः	चतुर्दशभ्यः	पञ्चदशभ्यः	षोडशभ्यः
6	त्रयोदशानाम्	चतुर्दशानाम्	पञ्चदशानाम्	षोडशानाम्
7	त्रयोदशसु	चतुर्दशसु	पञ्चदशसु	षोडशसु
	thirteen	fourteen	fifteen	sixteen
नित्यं बहुवचनान्तः only plural case. Identical spelling in masculine /feminine /neuter. Template पञ्चन्				

सप्तदशन् अष्टदशन् नवदशन् – seventeen eighteen nineteen

mfn	सप्तदशन्	अष्टदशन्	नवदशन्
1	सप्तदश	अष्टदश	नवदश
2	सप्तदश	अष्टदश	नवदश
3	सप्तदशभिः	अष्टदशभिः	नवदशभिः
4	सप्तदशभ्यः	अष्टदशभ्यः	नवदशभ्यः
5	सप्तदशभ्यः	अष्टदशभ्यः	नवदशभ्यः
6	सप्तदशानाम्	अष्टदशानाम्	नवदशानाम्
7	सप्तदशसु	अष्टदशसु	नवदशसु
	seventeen	eighteen	nineteen
नित्यं बहुवचनान्तः only plural case. Identical spelling in masculine /feminine /neuter. Template पञ्चन्			

कति mfn – How many Number? How much Quantity?

कति	इकारान्तः इ mfn plural
1	कति
2	कति
3	कतिभिः
4	कतिभ्यः
5	कतिभ्यः
6	कतीनाम्
7	कतिषु
By 1.1.23 it gets technical name सङ्ख्या and by 1.1.24 षट् । 7.1.22 जस् शस् dropped. Hence 1/3 कति 2/3 कति । Rest identical to हरि ।	
नित्यं बहुवचनान्तः only plural case. Identical spelling in masculine /feminine /neuter.	

Numeral Ordinals सङ्ख्येय 1st, 2nd, 3rd

प्रथम m - First, 1st, Initial

प्रथम	प् र् अ थ् अ म् अ = masculine stem अ ending, अकारान्तः		
V हे	प्रथम 6.1.69	प्रथमौ	प्रथमे / प्रथमाः
1	प्रथमः 8.2.66 8.3.15	प्रथमौ 6.1.88	प्रथमे / प्रथमाः 1.1.33 / 6.1.102 8.2.66 8.3.15
2	प्रथमम् 6.1.107	प्रथमौ 6.1.88	प्रथमान् 6.1.102 6.1.103
3	प्रथमेन 7.1.12 6.1.87 8.4.2	प्रथमाभ्याम् 7.3.102	प्रथमैः 7.1.9 6.1.88 8.2.66 8.3.15
4	प्रथमाय 7.1.13 7.3.102	प्रथमाभ्याम् 7.3.102	प्रथमेभ्यः 7.3.103 8.2.66 8.3.15
5	प्रथमात् 7.1.12 6.1.101	प्रथमाभ्याम् 7.3.102	प्रथमेभ्यः 7.3.103 8.2.66 8.3.15
6	प्रथमस्य 7.1.12	प्रथमयोः 7.3.104 6.1.78 8.2.66 8.3.15	प्रथमानाम् 7.1.54 6.4.3
7	प्रथमे 6.1.87	प्रथमयोः 7.3.104 6.1.78 8.2.66 8.3.15	प्रथमेषु 7.3.103 8.3.59
Sutra 1.1.33 gives optional forms for Nominative Plural 1/3. Template राम ।			

प्रथमा f - First, Initial

प्रथमा	प् र् अ थ् अ म् आ = feminine stem आ ending, आकारान्तः		
V हे	प्रथमे 7.3.106 6.1.68	प्रथमे	प्रथमाः
1	प्रथमा 6.1.68	प्रथमे 7.1.18 6.1.105 6.1.87	प्रथमाः 6.1.105 6.1.101 8.2.66 8.3.15
2	प्रथमाम् 6.1.107	प्रथमे 7.1.18 6.1.105 6.1.87	प्रथमाः 6.1.102 8.2.66 8.3.15
3	प्रथमया 7.3.105 6.1.78	प्रथमाभ्याम्	प्रथमाभिः 8.2.66 8.3.15
4	प्रथमायै 7.3.113 6.1.88	प्रथमाभ्याम्	प्रथमाभ्यः
5	प्रथमायाः 7.3.113 6.1.101 8.2.66 8.3.15	प्रथमाभ्याम्	प्रथमाभ्यः
6	प्रथमायाः	प्रथमयोः	प्रथमानाम् 7.1.54 6.4.3
7	प्रथमायाम् 7.3.116 7.3.113 6.1.101	प्रथमयोः 7.3.105 6.1.78 8.2.66 8.3.15	प्रथमासु
Declines identical to रमा (except for 6/3 where 8.4.2 not used)			

प्रथम n - First, Initial

प्रथम	प् र् अ थ् अ म् अ = neuter stem अ ending, अकारान्तः		
V हे	प्रथम 2.3.49 7.1.24 6.1.107 6.1.69	प्रथमे	प्रथमानि
1	प्रथमम् 7.1.24	प्रथमे 7.1.19 6.1.87	प्रथमानि 7.1.20 7.1.72 6.4.8
2	प्रथमम् 7.1.24	प्रथमे 7.1.19 6.1.87	प्रथमानि 7.1.20 7.1.72 6.4.8
3	प्रथमेन 7.1.12 6.1.87	प्रथमाभ्याम् 7.3.102	प्रथमैः 7.1.9 8.2.66 6.1.88 8.3.15
4	प्रथमाय 7.1.13 7.3.102	प्रथमाभ्याम् 7.3.102	प्रथमेभ्यः 7.3.103 8.2.66 8.3.15
5	प्रथमात् 7.1.12 6.1.101	प्रथमाभ्याम् 7.3.102	प्रथमेभ्यः 7.3.103 8.2.66 8.3.15
6	प्रथमस्य 7.1.12	प्रथमयोः 7.3.104 6.1.78 8.2.66 8.3.15	प्रथमानाम् 7.1.54 6.4.3
7	प्रथमे 6.1.87	प्रथमयोः 7.3.104 6.1.78 8.2.66 8.3.15	प्रथमेषु 7.3.103 8.3.59
Declines identical to फल			

द्वितीय m – Second, 2nd, Latter तृतीय Third, 3rd

	द्वितीय masculine stem अ ending			तृतीय		
V हे	द्वितीय	द्वितीयौ	द्वितीयाः	तृतीय	तृतीयौ	तृतीयाः
1	द्वितीयः	द्वितीयौ	द्वितीयाः	तृतीयः	तृतीयौ	तृतीयाः
2	द्वितीयम्	द्वितीयौ	द्वितीयान्	तृतीयम्	तृतीयौ	तृतीयान्
3	द्वितीयेन	द्वितीयाभ्याम्	द्वितीयैः	तृतीयेन	तृतीयाभ्याम्	तृतीयैः
4	द्वितीयस्मै / द्वितीयाय 1.1.33 / 7.1.14 7.3.102	द्वितीयाभ्याम्	द्वितीयेभ्यः	तृतीयस्मै / तृतीयाय 1.1.33 / 7.1.14 7.3.102	तृतीयाभ्याम्	तृतीयेभ्यः
5	द्वितीयस्मात् / द्वितीयात् 1.1.33 / 7.1.15 6.1.101	द्वितीयाभ्याम्	द्वितीयेभ्यः	तृतीयस्मात् / तृतीयात् 1.1.33 / 7.1.15 6.1.101	तृतीयाभ्याम्	तृतीयेभ्यः
6	द्वितीयस्य	द्वितीययोः	द्वितीयानाम्	तृतीयस्य	तृतीययोः	तृतीयानाम्
7	द्वितीयस्मिन् / द्वितीये 1.1.33 / 7.1.15 6.1.87	द्वितीययोः	द्वितीयेषु	तृतीयस्मिन् / तृतीये 1.1.33 / 7.1.15 6.1.87	तृतीययोः	तृतीयेषु

Sutra 1.1.33 Vartika तीयस्य ङित्सु वा extends it for ङित् affixes, i.e affixes having ङ् Tag letter. The Vartika applies to ordinal stems द्वितीय तृतीय ।

द्वितीया f – Second, 2nd, Latter तृतीया Third, 3rd

द्वितीया	द् व् इ त् ई य् आ = आकारान्तः		f
V हे	द्वितीये	द्वितीये	द्वितीयाः
1	द्वितीया	द्वितीये	द्वितीयाः
2	द्वितीयाम्	द्वितीये	द्वितीयाः
3	द्वितीयया	द्वितीयाभ्याम्	द्वितीयाभिः
4	द्वितीयस्यै / द्वितीयायै	द्वितीयाभ्याम्	द्वितीयाभ्यः
5	द्वितीयस्याः / द्वितीयायाः	द्वितीयाभ्याम्	द्वितीयाभ्यः
6	द्वितीयस्याः / द्वितीयायाः	द्वितीययोः	द्वितीयानाम्
7	द्वितीयस्याम् / द्वितीयायाम्	द्वितीययोः	द्वितीयासु

Declines identical to रमा except 6/3 where 8.4.2 not needed

Vartika तीयस्य ङित्सु वा extends extends Sutra 1.1.33 for ङित् affixes, i.e affixes having ङ् Tag letter. The Vartika applies to ordinal stems द्वितीया तृतीया ।

तृतीया	त् ऋ त् ई य् आ = आकारान्तः		f
V हे	तृतीये	तृतीये	तृतीयाः
1	तृतीया	तृतीये	तृतीयाः
2	तृतीयाम्	तृतीये	तृतीयाः
3	तृतीयया	तृतीयाभ्याम्	तृतीयाभिः
4	तृतीयस्यै / तृतीयायै	तृतीयाभ्याम्	तृतीयाभ्यः
5	तृतीयस्याः / तृतीयायाः	तृतीयाभ्याम्	तृतीयाभ्यः
6	तृतीयस्याः / तृतीयायाः	तृतीययोः	तृतीयानाम्
7	तृतीयस्याम् / तृतीयायाम्	तृतीययोः	तृतीयासु

Declines identical to रमा except for 6/3 where 8.4.2 not needed

Vartika तीयस्य ङित्सु वा extends extends Sutra 1.1.33 for ङित् affixes, i.e affixes having ङ् Tag letter. The Vartika applies to ordinal stems द्वितीया तृतीया ।

द्वितीय n – Second, 2nd, Latter तृतीय Third, 3rd

द्वितीय	द् व् इ त् ई य् अ = neuter stem अ ending, अकारान्तः		
V हे	द्वितीय	द्वितीये	द्वितीयानि
1	द्वितीयम्	द्वितीये	द्वितीयानि
2	द्वितीयम्	द्वितीये	द्वितीयानि
3	द्वितीयेन	द्वितीयाभ्याम्	द्वितीयैः
4	द्वितीयस्मै / द्वितीयाय	द्वितीयाभ्याम्	द्वितीयेभ्यः
5	द्वितीयस्मात् / द्वितीयात्	द्वितीयाभ्याम्	द्वितीयेभ्यः
6	द्वितीयस्य	द्वितीययोः	द्वितीयानाम्
7	द्वितीयस्मिन् / द्वितीये	द्वितीययोः	द्वितीयेषु
Declines identical to फल ।			

तृतीय	त् ऋ त् ई य् अ = neuter stem अ ending, अकारान्तः		
V हे	तृतीय	तृतीये	तृतीयानि
1	तृतीयम्	तृतीये	तृतीयानि
2	तृतीयम्	तृतीये	तृतीयानि
3	तृतीयेन	तृतीयाभ्याम्	तृतीयैः
4	तृतीयस्मै / तृतीयाय	तृतीयाभ्याम्	तृतीयेभ्यः
5	तृतीयस्मात् / तृतीयात्	तृतीयाभ्याम्	तृतीयेभ्यः
6	तृतीयस्य	तृतीययोः	तृतीयानाम्
7	तृतीयस्मिन् / तृतीये	तृतीययोः	तृतीयेषु
Declines identical to फल ।			

चतुर्थ m - Fourth, 4th, Transcendental State

चतुर्थ	च् अ त् उ र् थ् अ = masculine stem अ ending, अकारान्तः		
V हे	चतुर्थ	चतुर्थौ	चतुर्थाः
1	चतुर्थः	चतुर्थौ	चतुर्थाः
2	चतुर्थम्	चतुर्थौ	चतुर्थान्
3	चतुर्थेन	चतुर्थाभ्याम्	चतुर्थैः
4	चतुर्थाय	चतुर्थाभ्याम्	चतुर्थेभ्यः
5	चतुर्थात्	चतुर्थाभ्याम्	चतुर्थेभ्यः
6	चतुर्थस्य	चतुर्थयोः	चतुर्थानाम्
7	चतुर्थे	चतुर्थयोः	चतुर्थेषु
Declines identical to राम except 3/1, 6/3 - 8.4.2 doesn't apply.			

तुरीय m - Fourth, 4th, Transcendental State

तुरीय	त् उ र् ई य् अ = masculine stem अ ending, अकारान्तः		
V हे	तुरीय	तुरीयौ	तुरीयाः
1	तुरीय	तुरीयौ	तुरीयाः
2	तुरीयम्	तुरीयौ	तुरीयान्
3	तुरीयेण	तुरीयाभ्याम्	तुरीयैः
4	तुरीयाय	तुरीयाभ्याम्	तुरीयेभ्यः
5	तुरीयात्	तुरीयाभ्याम्	तुरीयेभ्यः
6	तुरीयस्य	तुरीययोः	तुरीयाणाम्
7	तुरीये	तुरीययोः	तुरीयेषु
Declines identical to राम			
Synonym stem तुर्य			

चतुर्थी f – Fourth, 4th, Transcendental State

चतुर्थी	च् अ त् उ र् थ् ई = ईकारान्तः		f
V हे	चतुर्थि	चतुर्थ्यौ	चतुर्थ्यः
1	चतुर्थी	चतुर्थ्यौ	चतुर्थ्यः
2	चतुर्थीम्	चतुर्थ्यौ	चतुर्थीः
3	चतुर्थ्या	चतुर्थीभ्याम्	चतुर्थीभिः
4	चतुर्थ्यै	चतुर्थीभ्याम्	चतुर्थीभ्यः
5	चतुर्थ्याः	चतुर्थीभ्याम्	चतुर्थीभ्यः
6	चतुर्थ्याः	चतुर्थ्योः	चतुर्थीनाम्
7	चतुर्थ्याम्	चतुर्थ्योः	चतुर्थीषु
Declines identical to नदी ।			
4/1 = नदी ए 7.3.112 नदी आ ए 6.1.90 नदी ऐ 6.1.77 नद्य् ऐ = नद्यै ।			

तुरीया f – Fourth, 4th, Transcendental State

तुरीया	त् उ र् ई य् आ = आकारान्तः		f
V हे	तुरीये	तुरीये	तुरीयाः
1	तुरीया	तुरीये	तुरीयाः
2	तुरीयाम्	तुरीये	तुरीयाः
3	तुरीयया	तुरीयाभ्याम्	तुरीयाभिः
4	तुरीयायै	तुरीयाभ्याम्	तुरीयाभ्यः
5	तुरीयायाः	तुरीयाभ्याम्	तुरीयाभ्यः
6	तुरीयायाः	तुरीययोः	तुरीयाणाम्
7	तुरीयायाम्	तुरीययोः	तुरीयासु
Declines identical to रमा ।			

चतुर्थ n – Fourth, 4th, Transcendental State

चतुर्थ	च् अ त् उ र् थ् अ	अकारान्तः	n
V हे	चतुर्थ	चतुर्थे	चतुर्थानि
1	चतुर्थम्	चतुर्थे	चतुर्थानि
2	चतुर्थम्	चतुर्थे	चतुर्थानि
3	चतुर्थेन	चतुर्थाभ्याम्	चतुर्थैः
4	चतुर्थाय	चतुर्थाभ्याम्	चतुर्थेभ्यः
5	चतुर्थात्	चतुर्थाभ्याम्	चतुर्थेभ्यः
6	चतुर्थस्य	चतुर्थयोः	चतुर्थानाम्
7	चतुर्थे	चतुर्थयोः	चतुर्थेषु
Declines identical to फल			

तुरीय n – Fourth, 4th, Transcendental State

तुरीय	त् उ र् ई य् अ = neuter stem अ ending, अकारान्तः		
V हे	तुरीय	तुरीये	तुरीयाणि
1	तुरीयम्	तुरीये	तुरीयाणि
2	तुरीयम्	तुरीये	तुरीयाणि
3	तुरीयेण	तुरीयाभ्याम्	तुरीयैः
4	तुरीयाय	तुरीयाभ्याम्	तुरीयेभ्यः
5	तुरीयात्	तुरीयाभ्याम्	तुरीयेभ्यः
6	तुरीयस्य	तुरीययोः	तुरीयाणाम्
7	तुरीये	तुरीययोः	तुरीयेषु
Declines identical to फल, except 8.4.2 applies to V/3 1/3 2/3 3/1 6/3 for change of नकार to णकार ।			
Synonym stem तुर्य declines identically			

पञ्चम m - Fifth, 5th, onwards 6th, 7th... 100th etc

पञ्चम	प् अ ञ् च् अ म् अ = masculine stem अ ending, अकारान्तः		
V हे	पञ्चम	पञ्चमौ	पञ्चमाः
1	पञ्चमः	पञ्चमौ	पञ्चमाः
2	पञ्चमम्	पञ्चमौ	पञ्चमान्
3	पञ्चमेन	पञ्चमाभ्याम्	पञ्चमैः
4	पञ्चमाय	पञ्चमाभ्याम्	पञ्चमेभ्यः
5	पञ्चमात.	पञ्चमाभ्याम्	पञ्चमेभ्यः
6	पञ्चमस्य	पञ्चमयोः	पञ्चमानाम्
7	पञ्चमे	पञ्चमयोः	पञ्चमेषु
Declines identical to राम except for 3/1, 6/3 where 8.4.2 doesn't apply. Similarly all the succeeding ordinals षष्ठः सप्तमः अष्टमः नवमः दशमः ... शततमः 6th 7th 8th 9th 10th ... 100th etc.			
Ordinals 100 and above are cardinals suffixed with तम affix			

पञ्चमी f - Fifth, 5th, onwards 6th, 7th... 100th etc

पञ्चमी	प् अ ञ् च् अ म् ई = ईकारान्तः		f
V हे	पञ्चमि	पञ्चम्यौ	पञ्चम्यः
1	पञ्चमी	पञ्चम्यौ	पञ्चम्यः
2	पञ्चमीम्	पञ्चम्यौ	पञ्चमीः
3	पञ्चम्या	पञ्चमीभ्याम्	पञ्चमीभिः
4	पञ्चम्यै	पञ्चमीभ्याम्	पञ्चमीभ्यः
5	पञ्चम्याः	पञ्चमीभ्याम्	पञ्चमीभ्यः
6	पञ्चम्याः	पञ्चम्योः	पञ्चमीनाम्
7	पञ्चम्याम्	पञ्चम्योः	पञ्चमीषु
Declines identical to नदी ।			
4/1 = नदी ए 7.3.112 नदी आ ए 6.1.90 नदी ऐ 6.1.77 नद्य् ऐ = नद्यै ।			
Similarly all the succeeding ordinals षष्ठी सप्तमी अष्टमी नवमी दशमी ... शततमी 6th 7th 8th 9th 10th ... 100th etc.			
Ordinals 100 and above are cardinals suffixed with तम affix			

पञ्चम n – Fifth, 5th, onwards 6th, 7th... 100th etc

पञ्चम	प् अ ञ् च् अ म् अ = neuter stem अ ending, अकारान्तः		
V हे	पञ्चम	पञ्चमे	पञ्चमानि
1	पञ्चमम्	पञ्चमे	पञ्चमानि
2	पञ्चमम्	पञ्चमे	पञ्चमानि
3	पञ्चमेन	पञ्चमाभ्याम्	पञ्चमैः
4	पञ्चमाय	पञ्चमाभ्याम्	पञ्चमेभ्यः
5	पञ्चमात्	पञ्चमाभ्याम्	पञ्चमेभ्यः
6	पञ्चमस्य	पञ्चमयोः	पञ्चमानाम्
7	पञ्चमे	पञ्चमयोः	पञ्चमेषु
Declines identical to फल			
Similarly all the succeeding ordinals षष्ठम् सप्तमम् अष्टमम् नवमम् दशमम् ... शततमम् 6th 7th 8th 9th 10th ... 100th etc.			
Ordinals 100 and above are cardinals suffixed with तम affix			

Irregular Stems in Masc with final vowel विशेष शब्द पुंलिङ्गः

ऐक्ष्वाक m – Ancestor of Lord Ram, Descendent of Ikshvaku

ऐक्ष्वाक	ऐ क् ष् व् आ क् अ = masculine stem अ ending, अकारान्तः		
V हे	ऐक्ष्वाक	ऐक्ष्वाकौ	इक्ष्वाकवः
1	ऐक्ष्वाकः	ऐक्ष्वाकौ	इक्ष्वाकवः
2	ऐक्ष्वाकम्	ऐक्ष्वाकौ	इक्ष्वाकून्
3	ऐक्ष्वाकेण	ऐक्ष्वाकाभ्याम्	ऐक्ष्वाकुभिः
4	ऐक्ष्वाकाय	ऐक्ष्वाकाभ्याम्	ऐक्ष्वाकुभ्यः
5	ऐक्ष्वाकात्	ऐक्ष्वाकाभ्याम्	ऐक्ष्वाकुभ्यः
6	ऐक्ष्वाकस्य	ऐक्ष्वाकयोः	ऐक्ष्वाकूणाम्
7	ऐक्ष्वाके	ऐक्ष्वाकयोः	ऐक्ष्वाकुषु
Declines identical to राम singular, dual			Like गुरु plural

निर्जर m - Lord, Unageing, Never becoming old

निर्जर	न् इ र् ज् अ = masculine stem अ ending, अकारान्तः		
V हे	निर्जर	निर्जरौ / निर्जरसौ	निर्जराः / निर्जरसः
1	निर्जरः	निर्जरौ / निर्जरसौ	निर्जराः / निर्जरसः
2	निर्जरम् / निर्जरसम्	निर्जरौ / निर्जरसौ	निर्जरान् / निर्जरसः
3	निर्जरेण / निर्जरसा	निर्जराभ्याम्	निर्जरैः
4	निर्जराय / निर्जरसे	निर्जराभ्याम्	निर्जरेभ्यः
5	निर्जरात् / निर्जरसः	निर्जराभ्याम्	निर्जरेभ्यः
6	निर्जरस्य / निर्जरसः	निर्जरयोः	निर्जराणाम् / निर्जरसाम्
7	निर्जरे / निर्जरसि	निर्जरयोः	निर्जरेषु
Declines identical to राम, Optionally like वेधस् for अजादि affixes			
7.2.101 जराया जरसन्यतरस्याम् । Optionally निर्जर becomes निर्जरस् for vowel beginning affixes. Similar stems अजर विजर			

पाद m – Foot (body part), quarter

पाद	अकारान्तः	अ	m
V हे	पाद	पादौ	पादाः
1	पादः	पादौ	पादाः
2	पदम्	पादौ	पदः 2/3 (शस् affix)
3	पदा	पद्भ्याम्	पद्भिः
4	पदे	पद्भ्याम्	पद्भ्यः
5	पदः	पद्भ्याम्	पद्भ्यः
6	पदः	पदोः	पदाम्
7	पदि	पदोः	पत्सु
Declines identical to राम 1/1 to 2/2, then as सुहृद् 2/3 onwards. पाद (अकारान्त) is replaced with पद् (दकारान्त) for affixes शस् 2/3 onwards. Refer 6.1.63 पद्दन्नोमास्हृन्निशसन्यूषन्दोषन्यकञ्छकन्नुदन्नासञ्छस्प्रभृतिषु ।			

दन्त m – Tooth (body part)

दन्त	अकारान्तः	अ	m
V हे	दन्त	दन्तौ	दन्ताः
1	दन्तः	दन्तौ	दन्ताः
2	दन्तम्	दन्तौ	दतः 2/3 (शस् affix)
3	दता	दद्भ्याम् 8.2.39	दद्भिः 8.2.39
4	दते	दद्भ्याम् 8.2.39	दद्भ्यः 8.2.39
5	दतः	दद्भ्याम् 8.2.39	दद्भ्यः 8.2.39
6	दतः	दतोः	दताम्
7	दति	दतोः	दत्सु 8.2.39 8.4.55
Declines identical to राम 1/1 to 2/2, then as मरुत् 2/3 onwards.			
दन्त (अकारान्त) is replaced with दत् (तकारान्त) for affixes शस् 2/3 onwards. Refer 6.1.63			

मास m – month, 30 day period

मास	अ	अकारान्तः	m
V हे	मास	मासौ	मासाः
1	मासः	मासौ	मासाः
2	मासम्	मासौ	मासः 2/3 (शस् affix)
3	मासा	माभ्याम् 8.2.66 8.3.17 8.3.22	माभिः
4	मासे	माभ्याम्	माभ्यः
5	मासः	माभ्याम्	माभ्यः
6	मासः	मासोः	मासाम्
7	मासि	मासोः	माःसु / मास्सु 8.2.66 8.3.15 / 8.3.36

Declines identical to राम 1/1 to 2/2, then as भास् 2/3 onwards.

मास (अकारान्त) is replaced with मास् (सकारान्त) for affixes शस् 2/3 onwards. Refer 6.1.63

विश्वपा m - Lord, Protector of World

विश्वपा	आकारान्तः	आ	m
V हे	विश्वपाः 6.1.105	विश्वपौ	विश्वपाः
1	विश्वपाः	विश्वपौ 6.1.105 6.1.88	विश्वपाः 6.1.105 6.1.101
2	विश्वपाम् 6.1.107	विश्वपौ 6.1.105 6.1.88	विश्वपः 6.4.140
3	विश्वपा 6.4.140	विश्वपाभ्याम्	विश्वपाभिः
4	विश्वपे	विश्वपाभ्याम्	विश्वपाभ्यः
5	विश्वपः	विश्वपाभ्याम्	विश्वपाभ्यः
6	विश्वपः	विश्वपोः 6.4.140	विश्वपाम् 6.4.140
7	विश्वपि	विश्वपोः	विश्वपासु

सोमपा distiller शङ्खध्मा conch blower गोपा shepherd

हाहा m – name of a celestial being, a gandharva, acclaimed musician

औडुलोमी m – born of a raft

सेनानी m - general

प्रधी m - thinker

प्रधी m - genius

वातप्रमी m - antelope

क्रोष्टु m – jackal, hyena

वर्षाभू m – frog, amphibian

स्वभू m – unborn, self born

हूहू m - name of a celestial being, a gandharva, acclaimed musician

Irregular Stems-m-final consonant

प्राञ्च् m – Eastern direction, South East Asia

प्रत्यञ्च् m - Western direction, Middle East

उदञ्च् m - Northern direction, Himalayan range

अन्वञ्च् m - Following

तिर्यञ्च् m – slithering, crawling

विभ्राज् m – Bright, luminous

युज् m - Sage

युञ्ज् m – United, together with, yoked

विश्वराज् m - emperor

सुपाद् m – one who has divine feet

पूषन् m – Sun, sustains life on earth

वृत्रहन् m – destroyer of demon Vrita, Lord Indra

दीर्घाहन् m – summer season
अर्वन् m – horse
अनर्वन् m – one who has no horse
ऋभुक्षिन् m – Lord Indra
उशनस् m – Shukracharya, preceptor of the demons
अनेहस् m – time
विश्ववाह् m – one who maintains the world, Lord Vishnu
तुरासाह् m – Lord Indra
दुह् m – milkman
द्रुह् m – enemy
अनडुह् m – ox

Irregular Stems f – final vowel
जरा f – Old, aged

Irregular Stems f – final consonant
द्वार् f – door, exit
अर्चिस् f – matchstick, flame
सजुष् f – companion, consort
उष्णिह् f – tune, metre of a verse

Irregular Stems n - विशेष शब्द नपुंसकलिङ्गः
अजर n – that doesn't age

Irregular Stems n – final consonant
प्राञ्च् प्राङ् प्रत्यङ् अन्वङ् उदङ् तिर्यङ् दुह् द्रुह् स्वनडुह्

Gender of Words Masculine/Feminine/Neuter

Sanskrit words are used in all the three genders, masculine, feminine, and neuter. Words used as Substantatives (Principal Nouns) are generally restricted to a single gender. Words used as Adjectives (Qualifying Nouns) are however used in all the three genders.

In Sanskrit, synonym gender stems.

Masculine Stem = पुंलिङ्ग प्रातिपदिक ~ पुंस् प्रातिपदिक
    1st case = the masculine = पुंलिङ्गः ~ the man = पुमान्
    7th case = In masculine = पुंलिङ्गे ~ पुंसि

Feminine Stem = स्त्रीलिङ्ग प्रातिपदिक ~ स्त्री प्रातिपदिक
    1st case = the feminine = स्त्रीलिङ्गः ~ the woman = स्त्री
    7th case = In feminine = स्त्रीलिङ्गे ~ स्त्रीयाम्

Neuter Stem = नपुंसकलिङ्ग ~ क्लीब प्रातिपदिक
    1st case = the neuter = नपुंसकलिङ्गः ~ the thing क्लीबः
    7th case = In neuter = नपुंसकलिङ्गे ~ क्लीबे

Primary सुप् प्रत्यय table

meaning	विभक्ति	Case	सुप् Affixes with इत् Tag		
			singular	dual	plural
Vocative	प्रथमा	V	सुँ	औ	जस्
Agent	प्रथमा	1	सुँ	औ	जस्
Object	द्वितीया	2	अम्	औट्	शस्
Instrument	तृतीया	3	टा	भ्याम्	भिस्
Recipient	चतुर्थी	4	ङे	भ्याम्	भ्यस्
Ablative	पञ्चमी	5	ङसिँ	भ्याम्	भ्यस्
Genitive	षष्ठी	6	ङस्	ओस्	आम्
Locative	सप्तमी	7	ङि	ओस्	सुप्

Masculine/Feminine 7x3 सुप् प्रत्यय table without Tag

meaning	विभक्ति	Case	सुप् Affixes without इत् Tag letters		
Vocative	प्रथमा	V	स्	औ	अस्
Agent	प्रथमा	1	स्	औ	अस्
Object	द्वितीया	2	अम्	औ	अस्
Instrument	तृतीया	3	आ	भ्याम्	भिस्
Recipient	चतुर्थी	4	ए	भ्याम्	भ्यस्
Ablative	पञ्चमी	5	अस्	भ्याम्	भ्यस्
Genitive	षष्ठी	6	अस्	ओस्	आम्
Locative	सप्तमी	7	इ	ओस्	सु

Neuter non अकारान्त 7×3 सुप् प्रत्यय table without Tag

meaning	विभक्ति	Case	सुप् Affixes without इत् Tag letters		
Agent	प्रथमा	1	-	ई	इ
Object	द्वितीया	2	-	ई	इ
Instrument	तृतीया	3	आ	भ्याम्	भिस्
Recipient	चतुर्थी	4	ए	भ्याम्	भ्यस्
Point-of-Origin	पञ्चमी	5	अस्	भ्याम्	भ्यस्
of (genitive)	षष्ठी	6	अस्	ओस्	आम्
Locative	सप्तमी	7	इ	ओस्	सु

7.1.19 नपुंसकाच्च । The 1/2 औ , 2/2 औट् affixes are replaced with शी affix for Neuter stems. Here श् is a Tag letter by 1.3.8 लशक्वतद्धिते ।

7.1.20 जश्शसोः शिः । The 1/3 जस् , 2/3 शस् affixes are replaced with शि affix for Neuter stems. Here श् is a Tag letter by 1.3.8 लशक्वतद्धिते ।

7.1.23 स्वमोर्नपुंसकात् । The 1/1 सुँ , 2/1 अम् affixes are dropped for Neuter stems. By 1.1.62 प्रत्ययलोपे प्रत्ययलक्षणम् even after being elided, their effect will apply in certain situations.

7.1.24 अतोऽम् । The 1/1 सुँ , 2/1 अम् affixes, both are replaced with अम् for अकारान्त Neuter stems.

Neuter अकारान्त 7x3 सुप् प्रत्यय table without Tag

meaning	विभक्ति	Case	सुप् Affixes without इत् Tag letters		
Agent	प्रथमा	1	अम्	ई	इ
Object	द्वितीया	2	अम्	ई	इ
Instrument	तृतीया	3	आ	भ्याम्	भिस्
Recipient	चतुर्थी	4	ए	भ्याम्	भ्यस्
Point-of-Origin	पञ्चमी	5	अस्	भ्याम्	भ्यस्
of (genitive)	षष्ठी	6	अस्	ओस्	आम्
Locative	सप्तमी	7	इ	ओस्	सु

m Pronoun 7x3 सुप् प्रत्यय table without Tag

meaning	विभक्ति	Case	सुप् Affixes without इत् Tag letters		
Agent	प्रथमा	1	स्	औ	अस् / ई
Object	द्वितीया	2	अम्	औ	अस्
Instrument	तृतीया	3	आ	भ्याम्	भिस्
Recipient	चतुर्थी	4	स्मै	भ्याम्	भ्यस्
Point-of-Origin	पञ्चमी	5	स्मात्	भ्याम्	भ्यस्
of (genitive)	षष्ठी	6	अस्	ओस्	आम्
Locative	सप्तमी	7	स्मिन्	ओस्	सु

7.1.17 जसः शी । the 1/3 जस् affix is replaced by शी = ई for अकारान्त अ ending masculine pronouns only.

f Pronoun 7x3 सुप् प्रत्यय table without Tag

meaning	विभक्ति	Case	सुप् Affixes without इत् Tag letters		
Agent	प्रथमा	1	स्	औ	अस्
Object	द्वितीया	2	अम्	औ	अस्
Instrument	तृतीया	3	आ	भ्याम्	भिस्
Recipient	चतुर्थी	4	स्या	भ्याम्	भ्यस्
Point-of-Origin	पञ्चमी	5	स्या	भ्याम्	भ्यस्
of (genitive)	षष्ठी	6	स्या	ओस्	आम्
Locative	सप्तमी	7	स्याम्	ओस्	सु

n Pronoun 7x3 सुप् प्रत्यय table without Tag

meaning	विभक्ति	Case	सुप् Affixes without इत् Tag letters		
Agent	प्रथमा	1	- / अम्	ई	इ
Object	द्वितीया	2	- / अम्	ई	इ
Instrument	तृतीया	3	आ	भ्याम्	भिस्
Recipient	चतुर्थी	4	स्मै	भ्याम्	भ्यस्
Point-of-Origin	पञ्चमी	5	स्मात्	भ्याम्	भ्यस्
of (genitive)	षष्ठी	6	अस्	ओस्	आम्
Locative	सप्तमी	7	स्मिन्	ओस्	सु

Tag 7x3 सुप् प्रत्यय Mechanics of letters

	1	2	3
1	स् उँ 1.3.2	औ	ज् अस् 1.3.7, 1.3.4
2	अम् 1.3.4	औ ट् 1.3.3	श् अस् 1.3.8, 1.3.4
3	ट् आ 1.3.7	भ्याम् 1.3.4	भिस् 1.3.4
4	ङ् ए 1.3.8	भ्याम् 1.3.4	भ्यस् 1.3.4
5	ङ् अस् इँ 1.3.8, 1.3.2	भ्याम् 1.3.4	भ्यस् 1.3.4
6	ङ् अस् 1.3.8, 1.3.4	ओस् 1.3.4	आम् 1.3.4
7	ङ् इ 1.3.8	ओस् 1.3.4	सु प् 1.3.3

1.3.2 उपदेशेऽजनुनासिक इत् । Anunasika is Tag

1.3.3 हलन्त्यम् । Final consonant is Tag

1.3.4 न विभक्तौ तुस्माः । Final तवर्ग म् स् is not Tag

1.3.7 चुटू । initial चवर्ग , टवर्ग is Tag

1.3.8 लशक्वतद्धिते । initial ल् , श् , कवर्ग is Tag

1.3.9 तस्य लोपः । Tag letters get dropped

सुप् प्रत्यय Affixes modified in use by Sutras

<table>
<tr><td>1</td><td>स् उँ →
drops
6.1.68</td><td>औ</td><td>जस् → शी
7.1.17,
जस् → शि
7.1.20</td><td rowspan="7">1.1.42 शि सर्वनामस्थानम् ।
6.1.68 हल्ङ्याब्भ्यो दीर्घात् सुतिस्यपृक्तं हल् ।
7.1.14 सर्वनाम्नः स्मै । Affix ङे 4/1 replaced by स्मै ।
7.1.15 ङसिङ्योः स्मात्स्मिनौ । Affix ङसिँ 5/1 replaced by स्मात् , Affix ङस् 6/1 replaced by स्मिन् ।
7.1.16 पूर्वादिभ्यो नवभ्यो वा । Affix ङसिँ 5/1 replaced by स्मात् Affix ङि 7/1 replaced by स्मिन् for the पूर्वादि nine stems, Optionally.
7.1.17 जसः शी । The जस् 1/3 affix is replaced by शी = श् ई ।
7.1.20 जश्शसोः शिः।
7.1.52 आमि सर्वनाम्नः सुट् ।
8.2.66 ससजुषो रुः ।
8.3.15 खरवसानयोर्विसर्जनीयः</td></tr>
<tr><td>2</td><td>अम्</td><td>औट्</td><td>शस् →शि
7.1.20</td></tr>
<tr><td>3</td><td>ट् आ</td><td>भ्याम्</td><td>भिस्</td></tr>
<tr><td>4</td><td>ङ् ए</td><td>भ्याम्</td><td>भ्यस्</td></tr>
<tr><td>5</td><td>ङ् अस् इँ</td><td>भ्याम्</td><td>भ्यस्</td></tr>
<tr><td>6</td><td>ङ् अस्</td><td>ओस्</td><td>आम् → साम्
7.1.52</td></tr>
<tr><td>7</td><td>ङ् इ</td><td>ओस्</td><td>सुप्</td></tr>
</table>

Masc feminine सर्वनामस्थानं प्रत्यय Sarvanamasthana Affixes

	सुप् प्रत्यय table with इत् Tag			without इत् Tag letters		
	1	2	3	1	2	3
1	सुँ 1/1	औ 1/2	जस् 1/3	स्	औ	अस्
2	अम् 2/1	औट् 2/2	शस्	अम्	औ	अस्
3	टा	भ्याम्	भिस्	आ	भ्याम्	भिस्
4	ङे	भ्याम्	भ्यस्	ए	भ्याम्	भ्यस्
5	ङसिँ	भ्याम्	भ्यस्	अस्	भ्याम्	भ्यस्
6	ङस्	ओस्	आम्	अस्	ओस्	आम्
7	ङि	ओस्	सुप्	इ	ओस्	सु

- The highlighted area is called सर्वनामस्थानं प्रत्यय for non-neuter i.e. masculine and feminine stems by Sutra 1.1.43 सुडनपुंसकस्य । सुट् is the array from सु of 1/1 till ट् of 2/2.

- Rest of the area is called असर्वनामस्थानं प्रत्यय । rest fifteen are non-Sarvanamasthana Affixes for any masculine / feminine stem.

Neuter नपुंसकस्य सर्वनामस्थानं प्रत्यय Sarvanamasthana Affixes

	सुप् प्रत्यय table with इत् Tag			without इत् Tag letters		
	1	2	3	1	2	3
1	-	शी	शि 1/3	-	ई	इ
2	-	शी	शि 2/3	-	ई	इ
3	टा	भ्याम्	भिस्	आ	भ्याम्	भिस्
4	ङे	भ्याम्	भ्यस्	ए	भ्याम्	भ्यस्
5	ङसिँ	भ्याम्	भ्यस्	अस्	भ्याम्	भ्यस्
6	ङस्	ओस्	आम्	अस्	ओस्	आम्
7	ङि	ओस्	सुप्	इ	ओस्	सु

- 1.1.42 शि सर्वनामस्थानम् । two out of 21 affixes are called Sarvanamasthana Affixes for Neuter stems. शि is the affix replacement for जस् 1/3 & शस् 2/3 for neuter stems.

5 or 2 सर्वनामस्थानं प्रत्यय Sarvanamasthana Affixes

	सुप् प्रत्यय table with इत् Tag			without इत् Tag letters		
	1	2	3	1	2	3
1	सुँ / -	औ / शी	जस् / शि	स् / -	औ / ई	अस् / इ
2	अम् / -	औट् / शी	शस् / शि	अम् / -	औ / ई	अस् / इ
3	टा	भ्याम्	भिस्	आ	भ्याम्	भिस्
4	ङे	भ्याम्	भ्यस्	ए	भ्याम्	भ्यस्
5	ङसिँ	भ्याम्	भ्यस्	अस्	भ्याम्	भ्यस्
6	ङस्	ओस्	आम्	अस्	ओस्	आम्
7	ङि	ओस्	सुप्	इ	ओस्	सु

If any Sutra says it applies to non-SarvanamaSthana affixes, then this table is helpful. Conversely if any Sutra says it applies to SarvanamaSthana affixes, then too this table can be used. Depending on whether it is
- masculine stem - it will apply to five सुट् affixes
- feminine stem - it will apply to five सुट् affixes
- neuter stem - it will apply to the जस् , शस् affixes

हलादि प्रत्यय Affixes having Initial Consonant

Case	सुप् प्रत्यय table with इत् Tag			without इत् Tag letters		
	1	2	3	1	2	3
1	सुँ n	औ n	जस्	स् n	औ n	अस्
2	अम् n	औट् n	शस् mf	अम् n	औ n	अस् mf
3	टा	भ्याम्	भिस्	आ	भ्याम्	भिस्
4	ङे	भ्याम्	भ्यस्	ए	भ्याम्	भ्यस्
5	ङसिँ	भ्याम्	भ्यस्	अस्	भ्याम्	भ्यस्
6	ङस्	ओस्	आम्	अस्	ओस्	आम्
7	ङि	ओस्	सुप्	इ	ओस्	सु

- Shaded Affixes are the Consonant beginning हलादि असर्वनामस्थानं प्रत्यय । Any Anga that faces these during word construction is called पद । These are named after leaving out the Sarvanamsthana affixes. By Sutra 1.4.17 the Anga is called "पद" facing भ्याम् भिस् भ्याम् भ्यस् भ्याम् भ्यस् सु affixes. Affix 1/1 is applicable only for neuter.

- Unmarked affixes are the vowel beginning अजादि असर्वनामस्थानं प्रत्यय । Anga facing them is called भ । By Sutra 1.4.18 the Anga is called "भ" facing अस् आ ए अस् अस् ओस् आम् इ ओस् affixes. Affix 2/3 is applicable only for masc/feminine stems. Affixes 1/2, 2/1, 2/2 only for neuter. Affix 1/3 in **tiny** font is Sarvanamasthana affix for any stem masc/fem/neuter.

This is done for application of correct sandhi rule. Definition of Anga is the Entity that is facing an Affix during word construction. Thus Anga is an unfinished word that can be

- Root , or Root + affix, or Root + augment + affix that is now facing a new affix.

mf Anga facing these Sup affixes gets पद Technical Name

Case	सुप् प्रत्यय table with इत् Tag			without इत् Tag letters		
1						
2						
3		भ्याम्	भिस्		भ्याम्	भिस्
4		भ्याम्	भ्यस्		भ्याम्	भ्यस्
5		भ्याम्	भ्यस्		भ्याम्	भ्यस्
6						
7			सुप्			सु

Consonant-beginning non-Sarvanamasthana affixes. By 1.4.17 स्वादिष्वसर्वनामस्थाने and 1.4.18 यचि भम् । Finished words are also called पदम् by 1.4.14 सुप्तिङन्तं पदम् । For masc/feminine stems.

n Anga facing these Sup affixes gets पद Technical Name

Case	सुप् प्रत्यय table with इत् Tag			without इत् Tag letters		
1	सुँ			स्		
2						
3		भ्याम्	भिस्		भ्याम्	भिस्
4		भ्याम्	भ्यस्		भ्याम्	भ्यस्
5		भ्याम्	भ्यस्		भ्याम्	भ्यस्
6						
7			सुप्			सु

Consonant-beginning non-Sarvanamasthana affixes. For neuter stems. Though 1/1 affix gets dropped, it retains effect.

mf Anga facing these Sup affixes gets भ Technical Name

Case	सुप् प्रत्यय table with इत् Tag				without इत् Tag letters		
	1	2	3		1	2	3
1							
2			शस्				अस्
3	टा				आ		
4	ङे				ए		
5	ङसिँ				अस्		
6	ङस्	ओस्	आम्		अस्	ओस्	आम्
7	ङि	ओस्			इ	ओस्	

These are vowel-beginning non-Sarvanamasthana affixes. For masculine/feminine stems. By 1.4.18 यचि भम् । Exception to 1.4.17, hence 1.4.17 gets applied only to consonant-beginning.

n Anga facing these Sup affixes gets भ Technical Name

Case	सुप् प्रत्यय table with इत् Tag				without इत् Tag letters		
	1	2	3		1	2	3
1	-	शी			-	ई	
2	-	शी			-	ई	
3	टा				आ		
4	ङे				ए		
5	ङसिँ				अस्		
6	ङस्	ओस्	आम्		अस्	ओस्	आम्
7	ङि	ओस्			इ	ओस्	

These are vowel-beginning non-Sarvanamasthana affixes. For neuter stems.

See the application of Sandhi Rules:

- रामेन 3/1 by णत्वम् sandhi → रामेण ।
- Also in 7/3 form by षदुत्वम् sandhi रामेसु → रामेषु ।
- See मरुत् due to जश्त्वम् sandhi where झर् follows, there त् → द् and some places again the द् → त् due to चर्त्वम् sandhi.

A category of stems and words in Paninian Grammar are given the type of Sarvanama. These can be loosely translated to Pronouns in English, and many words in this category are actually Pronouns. However, Panini has made the सर्वनाम category to specifically provide the appropriate affixes for their correct declension.

In the Sup affixes table, there are 7x3 = 21 basic affixes. The words that fall under the Sarvanam category, by Sutra 1.1.27 सर्वादीनि सर्वनामानि । are all listed in the Ganapatha. These words have the first 5 Sup affixes modified out of the 21. E.g.

- the word राम is not of the pronoun category. It will take the 1/3 sup affix जस् ।
- the word सर्व belongs to the pronoun category. It wil take the modified 1/3 sup affix शि by sutra 1.1.42 शि सर्वनामस्थानम् ।

Karaka Vibhakti table

1	Subject, agent	Denoted by verb
2	Object	Accusative
3	By, with	Instrumental
4	To, for	Recipient
5	From, out of, than	Point-of-origin
6	Of, 's, among	Genitive (no karaka, unrelated to verb)
7	In, at, on	Locus

कारक-विभक्तिः

1	कर्त्ता	ने
2	कर्म	को
3	करणम्	से, के साथ
4	सम्प्रदानम्	के लिए, को
5	अपादानम्	से शुरु
6		
7	अधिकरणम्	मे, पर

For Understanding cases विभक्तिः , ask the correct Question. The verb क्रिया is the fulcrum कारक , that is denoted by every case except the 6th case. Let us use the Root दा to give, ददाति gives.

1	who	कः ददाति
2	what	किम् ददाति
3	how	केन ददाति
4	To whom	कस्मै ददाति
5	from	कस्मात् ददाति
6		
7	Where, when	कुत्र , कदा ददाति

- Rama gives a book by hand from his bag to a friend in the temple. In Sanskrit we write this sentence commonly as: In the temple, Rama from his bag, to a friend, by hand, a book gives.
- देवालये रामः स्युतात् मित्राय हस्तेन पुस्तकम् ददाति ।
- In the kitchen, Sita gave from the plate, with a ladle, sweets to Lata. पाकशालायां सीता स्थालिकायाः लतायै दर्व्या मधुरं ददाति ।

<u>Karaka = the factors related to action, i.e. the nouns related to the verb.</u>
<u>The 6th case is not related to the verb, rather it is related to another noun in the sentence.</u>

In any sentence, what is denoted by the verb takes 1st case.

In active voice कर्त्तरि, the agent is denoted and takes 1st case.

In passive voice कर्मणि, the object is denoted and takes 1st case, while agent takes 3rd case.

Some Relevant Ashtadhyayi Sutras

8.2.39	झलां जशोऽन्ते । Applies to पदम् by 1.4.14 or 1.4.17 Final झल् of word is replaced with corresponding जश् letter. झल् = row consonant letters except nasals, and sibilants and aspirate. जश् = 3rd letter of row consonant = ग् ज् ड् द् ब् । Thus, Final क् ख् ग् घ् is replaced with ग् । Final च् छ् ज् झ् is replaced with ज् । Final ट् ठ् ड् ढ् is replaced with ड् । Final त् थ् द् ध् is replaced with द् । Final प् फ् ब् भ् is replaced with ब् । Final श् is replaced with ज् । Place of utterance = Palate Final ष् is replaced with ड् । Place of utterance = Cerebrum Final स् is replaced with द् । Place of utterance = Teeth Final ह् is replaced with ग् । Place of utterance = Throat
8.4.2	अट्कुप्वाङ्नुम्व्यवायेऽपि । न् to ण्
8.4.37	पदान्तस्य । Final न् remains unchanged
7.1.19	नपुंसकाच्च । for neuter Affixes 1/2 औ , 2/2 औट् replaced by शी
7.1.20	जश्शसोः शिः । for neuter stem Affixes 1/3 जस् , 2/3 शस् replaced by शि Affix
7.1.23	स्वमोर्नपुंसकात् । for neuter stem Affixes 1/1 सुँ , 2/1 अम् drop
8.2.62	क्विन्प्रत्ययस्य कुः । Stems made by क्विन् affix get कवर्ग आदेश in finished word form.
3.2.60	त्यदादिषु दृशोऽनालोचने कञ् च । When त्यद् upapada is present, the Dhatu दृश् takes कञ् and क्विन् affixes for noun stem.
7.1.88	भस्य टेर्लोपः । Vartika सम्बुद्धौ नपुंसकानां नलोपो वा वाच्यः। Vocative Singular, elision of न् of नकारान्त Neuter stem is optional
2.4.34	Vartika एनदिति नपुंसकैकवचने वक्तव्यम्, "एनत्" is substituted for "इदम्" when used subsequently, for neuter gender singular.

1.1.33 Vartika तीयस्य ङित्सु वा ।
1.1.42 शि सर्वनामस्थानम् ।
1.1.51 उरण् रपरः ।
1.1.55 अनेकाल्शित्सर्वस्य ।
1.1.62 प्रत्ययलोपे प्रत्ययलक्षणम् ।
1.4.4 नेयङुवङ्स्थानावस्त्री ।
1.4.6 ङिति ह्रस्वश्च ।
1.4.7 शेषो घ्यसखि ।
1.4.8 पतिः समास एव ।
1.4.14 सुप्तिङन्तं पदम् ।
1.4.17 स्वादिष्वसर्वनामस्थाने ।
1.4.18 यचि भम् ।
2.3.49 एकवचनं सम्बुद्धिः ।
2.4.34 Vartika एनदिति नपुंसकैकवचने वक्तव्यम् ।
3.2.59 ऋत्विग्दधृक्स्रग्दिगुष्णिगञ्चुयुजिक्रुञ्चां च ।
3.2.60 त्यदादिषु दृशोऽनालोचने कञ् च ।
4.1.4 अजाद्यतष्टाप् ।
4.1.5 ऋन्नेभ्यो ङीप् ।
4.1.11 मनः ।
4.1.13 डाबुभाभ्यामन्यतरस्याम् ।
4.1.14 अनुपसर्जनात् ।
4.1.25 बहुव्रीहेरूधसो ङीष् ।
4.1.73 शार्ङ्गरवाद्यञो ङीन् ।
4.1.74 यङश्चाप् ।
6.1.11 चङि ।
6.1.37 न सम्प्रसारणे सम्प्रसारणम् ।
6.1.63 पद्दन्नोमास्हृन्निशसन्यूषन्दोषन्य-कञ्छकन्नुदन्नासञ्छस्-प्रभृतिषु ।
6.1.68 हल्ङ्याब्भ्यो दीर्घात् सुतिस्यपृक्तं हल् ।
6.1.69 एङ्ह्रस्वात् सम्बुद्धेः ।
6.1.77 इको यणचि ।
6.1.78 एचोऽयवायावः ।
6.1.87 आद्गुणः ।
6.1.88 वृद्धिरेचि ।
6.1.90 आटश्च । 6.1.97 अतो गुणे ।
6.1.93 ओतोऽम्शसोः ।
6.1.101 अकः सवर्णे दीर्घः ।
6.1.102 प्रथमयोः पूर्वसवर्णः ।
6.1.103 तस्माच्छसो नः पुंसि ।
6.1.105 दीर्घाज्जसि च ।
6.1.107 अमि पूर्वः ।
6.1.108 सम्प्रसारणाच्च ।
6.1.110 ङसिङसोश्च ।
6.1.111 ऋत उत् ।
6.1.112 ख्यत्यात् परस्य ।
6.1.114 हशि च ।
6.1.131 दिव उत् ।
6.4.3 नामि ।
6.4.7 नोपधायाः ।
6.4.8 सर्वनामस्थाने चासम्बुद्धौ ।
6.4.10 सान्तमहतः संयोगस्य ।
7.1.75 अस्थिदधिसक्थ्यक्ष्णामनङुदात्तः ।
7.1.79 वा नपुंसकस्य ।

6.4.11 अप्तृन्तृच्स्वसृनप्तृनेष्टृत्वष्टृक्षत्तृहोतृपोतृप्रशास्तृणाम् ।

6.4.13 सौ च ।

6.4.14 अत्वसन्तस्य चाधातोः ।

6.4.77 अचि श्नुधातुभ्रुवां य्वोरियङुवङौ ।

6.4.79 स्त्रियाः ।

6.4.80 वाऽम्शसोः ।

6.4.131 वसोः सम्प्रसारणम् ।

6.4.133 श्वयुवमघोनामतद्धिते ।

6.4.134 अल्लोपोऽनः ।

6.4.136 विभाषा ङिश्योः ।

6.4.137 न संयोगाद्वमन्तात् ।

6.4.148 Vartika औङः श्यां प्रतिषेधो वाच्यः।

7.1.9 अतो भिस ऐस् ।

7.1.12 टाङसिङसामिनात्स्याः ।

7.1.13 ङेर्यः ।

7.1.18 औङ आपः ।

7.1.19 नपुंसकाच्च ।

7.1.20 जश्शसोः शिः ।

7.1.23 स्वमोर्नपुंसकात् ।

7.1.24 अतोऽम् ।

7.1.54 ह्रस्वनद्यापो नुट् ।

7.1.70 उगिदचां सर्वनामस्थानेऽधातोः ।

7.1.72 नपुंसकस्य झलचः ।

7.1.73 इकोऽचि विभक्तौ ।

7.1.80 आच्छीनद्योर्नुम् ।

7.1.81 शप्श्यनोर्नित्यम् ।

7.1.84 दिव औत् ।

7.1.85 पथिमथ्यृभुक्षामात् ।

7.1.86 इतोऽत् सर्वनामस्थाने ।

7.1.87 थो न्थः ।

7.1.88 भस्य टेर्लोपः ।

7.1.88 Vartika सम्बुद्धौ नपुंसकानां नलोपो वा वाच्यः ।

7.1.89 पुंसोऽसुङ् ।

7.1.90 गोतो णित् ।

7.1.92 सख्युरसम्बुद्धौ ।

7.1.93 अनङ् सौ ।

7.1.94 ऋदुशनस्पुरुदंसोऽनेहसां च ।

7.2.67 वस्वेकाजाद्धसाम् ।

7.2.85 रायो हलि ।

7.2.102 Vartika द्वि-पर्यन्तानामेवेष्टिः ।

7.2.115 अचो ञ्णिति ।

7.3.102 सुपि च ।

7.3.103 बहुवचने झल्येत् ।

7.3.104 ओसि च ।

7.3.105 आङि चापः ।

7.3.106 सम्बुद्धौ च ।

7.3.107 अम्बार्थनद्योर्ह्रस्वः ।

7.3.108 ह्रस्वस्य गुणः ।

7.3.109 जसि च ।

7.3.110 ऋतो ङिसर्वनामस्थानयोः ।

7.3.111 घेर्ङिति ।

7.3.112 आण्नद्याः ।

8.2.76 र्वोरुपधाया दीर्घ इकः ।

8.2.77 हलि च ।

8.3.15 खरवसानयोर्विसर्जनीयः ।

8.3.17 भोभगोअघोअपूर्वस्य योऽशि ।

7.3.113 याडापः ।
7.3.116 ङेराम्नद्याम्नीभ्यः ।
7.3.119 अच्च घेः ।
7.3.120 आङो नाऽस्त्रियाम् ।
8.2.2 नलोपः सुप्स्वरसंज्ञातुग्विधिषु कृति ।
8.2.7 नलोपः प्रातिपदिकान्तस्य ।
8.2.8 न ङिसम्बुद्ध्योः ।
8.2.23 संयोगान्तस्य लोपः ।
8.2.24 रात् सस्य ।
8.2.30 चोः कुः ।
8.2.31 हो ढः ।
8.2.34 नहो धः ।
8.2.36 व्रश्चभ्रस्जसृजमृजयजराजभ्राजच्छशां षः ।
8.2.39 झलां जशोऽन्ते ।
8.2.62 क्विन्प्रत्ययस्य कुः ।
8.2.66 ससजुषो रुः ।
8.2.69 रोऽसुपि ।
8.2.72 वसुस्रंसुध्वंस्वनडुहां दः ।
8.3.22 हलि सर्वेषाम् ।
8.3.23 मोऽनुस्वारः ।
8.3.24 नश्चापदान्तस्य झलि ।
8.3.34 विसर्जनीयस्य सः ।
8.3.36 वा शरि ।
8.3.55 अपदान्तस्य मूर्धन्यः ।
8.3.57 इण्कोः ।
8.3.58 नुम्विसर्जनीयशर्व्यवायेऽपि ।
8.3.59 आदेशप्रत्यययोः ।
8.4.1 Vartika ऋवर्णाच्चेति वक्तव्यम् ।
8.4.2 अट्कुप्वाङ्नुम्व्यवायेऽपि ।
8.4.37 पदान्तस्य ।
8.4.40 स्तोः श्चुना श्चुः ।
8.4.41 ष्टुना ष्टुः ।
8.4.44 शात् ।
8.4.55 खरि च ।
8.4.56 वाऽवसाने ।
8.4.58 अनुस्वारस्य ययि परसवर्णः ।

Some more Pronoun Sutras

1.1.33 प्रथमचरमतयाल्पार्धकतिपयनेमाश्च ।
2.4.32 इदमोऽन्वादेशेऽशनुदात्तस्तृतीयाऽऽदौ ।
2.4.34 द्वितीयाटौस्स्वेनः ।
6.4.4 न तिसृचतसृ ।
7.1.9 अतो भिस ऐस् ।
7.1.11 नेदमदसोरकोः ।
7.1.14 सर्वनाम्नः स्मै ।
7.1.17 जसः शी ।
7.1.18 औङ आपः ।
7.1.27 युष्मदस्मद्भ्यां ङसोऽश् ।
7.1.28 ङे प्रथमयोरम् ।
7.1.29 शसो न ।
7.1.30 भ्यसोभ्यम् ।
7.1.32 एकवचनस्य च ।
7.1.33 साम आकम् ।
7.1.53 त्रेस्त्रयः ।

7.1.70	उगिदचां सर्वनामस्थानेऽधातोः।	7.2.102	त्यदादीनामः ।
7.2.86	युष्मदस्मदोरनादेशे ।	7.2.106	तदोः सः सावनन्त्ययोः ।
7.2.87	द्वितीयायां च ।	7.2.107	अदस औ सुलोपश्च ।
7.2.88	प्रथमायाश्च द्विवचने भाषायाम् ।	7.2.108	इदमो मः ।
7.2.89	योऽचि ।	7.2.109	दश्च ।
7.2.90	शेषे लोपः ।	7.2.110	यः सौ ।
7.2.91	मपर्यन्तस्य ।	7.2.111	इदोऽय् पुंसि ।
7.2.92	युवावौ द्विवचने ।	7.2.112	अनाप्यकः ।
7.2.93	यूयवयौ जसि ।	7.2.113	हलि लोपः ।
7.2.94	त्वाहौ सौ ।	7.3.114	सर्वनाम्नः स्याड्ढ्रस्वश्च ।
7.2.95	तुभ्यमह्यौ ङयि ।	8.2.3	न मु ने ।
7.2.96	तवममौ ङसि ।	8.2.80	अदसोऽसेर्दादु दो मः ।
7.2.97	त्वमावेकवचने ।	8.2.81	एत ईद्बहुवचने ।
7.2.99	त्रिचतुरोः स्त्रियां तिसृचतसृ ।		
7.2.100	अचि र ऋतः ।		
7.2.101	जराया जरसन्यतरस्याम्।		

Relevant Technical Terms

पदम् (final word)	1.4.14 सुप्तिङन्तं पदम् । entity ending in सुप् / तिङ्
पदम् (anga)	1.4.17 स्वादिष्वसर्वनामस्थाने । entity that which faces initial-consonant-affix
भम् (anga)	1.4.18 यचि भम् । entity that which faces initial-vowel-affix
सर्वनामस्थानम्	1.1.42 शि सर्वनामस्थानम् । affixes for neuter stems
सर्वनामस्थानम्	1.1.43 सुडनपुंसकस्य । affixes for non-neuter stems
सम्बुद्धिः	एकवचनं सम्बुद्धिः । Vocative Singular

Place & Effort of Enunciation

Place of speech	Vowels स्वर		Row Consonants व्यञ्जन Alpaprana / Mahaprana					Semi vowel	Sibilant
			A	M	A	M	A	A	M
	Short	Long	1st	2nd	3rd	4th	5th		
कण्ठ	अ	आ	क	ख	ग	घ	ङ		ह
तालु	इ	ई	च	छ	ज	झ	ञ	य	श
मूर्धा	ऋ	ॠ	ट	ठ	ड	ढ	ण	र	ष
दन्त	ऌ		त	थ	द	ध	न	ल	स
ओष्ठ	उ	ऊ	प	फ	ब	भ	म		
Consonants are supplied with vowel अ to aid enunciation									

कण्ठ – तालु	ए ऐ	Diphthongs have twin places of utterance, being compound vowels
कण्ठ – ओष्ठ	ओ औ	
दन्त – ओष्ठ	व	The vakara is different from the other semivowels as it has twin places of utterance
नासिक्य	○ं , अं	Anusvara is a pure Nasal
अनुनासिका	○ँ , ॐ , यँ	Candrabindu means Nasalization

कण्ठ Soft, Mahaprana	ह	Hakara is an Aspirate. It is sounded like a soft release of breath
	ः	Visarga is an Aspirate. It is sounded like ह along with its preceding vowel
Ardha Visarga ः is also written as ᳵ		
Base of tongue Hard, Alpaprana	ः or ᳵ	Jihvamuliya pronounce as ह् (a visarga preceding क , ख)
ओष्ठ Hard, Alpaprana	ः or ᳵ	Upadhmaniya pronounce as फ् (a visarga preceding प , फ)

कण्ठ्य Guttural or Velar	तालव्य Palatal	मूर्धन्य Cerebral or Retroflex or Lingual	दन्त्य Dental	ओष्ठ्य Labial

Maheshwar Sutras w.r.t. Pratyaharas

SN	Sutra	Pratyahara (Letter Array)	Count
1	अ इ उ ण्	अण्	1
2	ऋ ऌ क्	अक् इक् उक्	3
3	ए ओ ङ्	एङ्	1
4	ऐ औ च्	अच् इच् एच् ऐच्	4
5	ह य व र ट्	अट्	1
6	लँ ण्	अण् इण् यण् (रँ)	3
7	ञ म ङ ण न म्	अम् यम् ङम् (ञम्)	3
8	झ भ ञ्	यञ्	1
9	घ ढ ध ष्	झष् भष्	2
10	ज ब ग ड द श्	अश् हश् वश् झश् जश् बश्	6
11	ख फ छ ठ थँ च ट त व्	छव् (खँ)	1
12	क प य्	यय् मय् झय् खय् (चय्) (जय्)	4
13	श ष स र्	यर् झर् खर् चर् शर्	5
14	ह ल्	अल् हल् वल् रल् झल् शल्	6
		Basic Count of Pratyahara =	41
Extended Count 41 + ③ = 44, with later grammarians +2 = 46			

Sanskrit Grammar

Sandhis separated word by word पदच्छेद् (प०),

Verses in prose order अन्वय (अ०),and with विभक्ति Cases.

Abbreviations

Nouns

m masculine, **f** feminine, **n** neuter; **V** vocative
1/1 = vibhakti case from 1 to 7/number 1 to 3

Indeclinables (uninflected nouns or verbs) **0**
In Sanskrit the **adverbs** are mostly uninflected.

Verbs

iii/1 = person i to iii / number 1 to 3

PPP = Past Participle Passive = क्त

PPA = Past Participle Active = क्तवत्

PrPA = PresentParticiple Active = शतृ/ शानच्

PoPP = PotentialParticiple Passive = य, तव्य, अनीयर् (gerund)

तुमुन् = infinitive, in the sense of "to do"

Anusvara and Makara have been kept as they are in Padacheda, to avoid over work. E.g. इदं should be written as इदम् in Padacheda.

Sanskrit Literature frequently omits the verb – "is". The words भवति, अस्ति etc. are implicit.

Since Sanskrit is an inflectional language, the **spelling of the same word** changes as per context or usage. Hence words can be **placed anywhere** in a sentence, as in poetic use, without change in meaning. The matrix shows how.

Verb inflections in Sanskrit – a sample chart

982 गमॢ गतौ – to go, also in the sense of attainment			
Present Tense Active voice लट् कर्त्तरि प्रयोगः			
Person/no	singular	dual	plural
Third	गच्छति$^{iii/1}$	गच्छतः$^{iii/2}$	गच्छन्ति$^{iii/3}$
Second	गच्छसि$^{ii/1}$	गच्छथः$^{ii/2}$	गच्छथ $^{ii/3}$
First	गच्छामि$^{i/1}$	गच्छावः $^{i/2}$	गच्छामः$^{i/3}$

Noun declensions in Sanskrit – a sample chart

Masculine stem, vowel अending			
(र्–आ–म्–अ) राम^{m} Lord's name			
	singular^{1}	dual ^{2}	plural ^{3}
Vocative	हे राम$^{V/1}$	हे रामौ$^{V/2}$	हे रामाः$^{V/3}$
1 Doer	रामः$^{1/1}$	रामौ$^{1/2}$	रामाः$^{1/3}$
2 Object	रामम्$^{2/1}$	रामौ$^{2/2}$	रामान्$^{2/3}$
3 by	रामेण$^{3/1}$	रामाभ्याम्$^{3/2}$	रामैः$^{3/3}$
4 for	रामाय$^{4/1}$	रामाभ्याम्$^{4/2}$	रामेभ्यः$^{4/3}$
5 from	रामात्$^{5/1}$	रामाभ्याम् $^{5/2}$	रामेभ्यः$^{5/3}$
6 of	रामस्य$^{6/1}$	रामयोः$^{6/2}$	रामाणाम्$^{6/3}$
7 in	रामे$^{7/1}$	रामयोः$^{7/2}$	रामेषु$^{7/3}$

Masculine stem, consonant त् ending			
मरुत्^{m} Wind, Breeze, Air			
	singular[1]	dual[2]	plural[3]
Vocative	हे मरुत्$^{V/1}$	हे मरुतौ$^{V/2}$	हे मरुतः$^{V/3}$
1 Doer	मरुत्$^{1/1}$	मरुतौ$^{1/2}$	मरुतः$^{1/3}$
2 Object	मरुतम्$^{2/1}$	मरुतौ$^{2/2}$	मरुतः$^{2/3}$
3 by	मरुता$^{3/1}$	मरुद्भ्याम्$^{3/2}$	मरुद्भिः$^{3/3}$
4 for	मरुते$^{4/1}$	मरुद्भ्याम्$^{4/2}$	मरुद्भ्यः$^{4/3}$
5 from	मरुतः$^{5/1}$	मरुद्भ्याम्$^{5/2}$	मरुद्भ्यः$^{5/3}$
6 of	मरुतः$^{6/1}$	मरुतोः$^{6/2}$	मरुताम्$^{6/3}$
7 in	मरुति$^{7/1}$	मरुतोः$^{7/2}$	मरुत्सु$^{7/3}$

Moods and Tenses in Sanskrit

1	लट्	Present Tense
2	लुङ्	Aorist Past Tense, *before from now onwards*
3	लङ्	Imperfect Past Tense – *before from yesterday onwards*
4	लिट्	Perfect Past Tense – *distant unseen past*
5	लृट्	Simple Future Tense – *now onwards*
6	लुट्	Periphrastic Future Tense – *tomorrow onwards*
7	लृङ्	Conditional Mood - *if/then in past or future*
8	लोट्	Imperative Mood – *request*
9	विधि–लिङ्	Potential Mood – *order विधिलिङ्* (also known as Optative Mood)
10	आशीर्–लिङ्	Benedictive Mood – *blessing आशीर्लिङ्* (also used in the sense of a curse)

Conjugation process of Verb

वदन्ति = they say, they describe. 1st conjugation Root, Parasmaipadi.

1009 √ वदँ व्यक्तायां वाचि । to tell, relate, describe.

1.3.1 भूवादयो धातवः। वदँ = वद्अँ ।

1.3.2 उपदेशेऽजनुनासिक इत् । 1.3.9 तस्य लोपः। वद् ।

3.4.69 लः कर्मणि च भावे चाकर्मकेभ्यः। वद् ।

3.2.123 वर्तमाने लट् । 3.4.77 लस्य । वद् + लँट् ।

1.3.3 हलन्त्यम् । 1.3.9 तस्य लोपः । वद्+लँ ।

1.3.2 उपदेशेऽजनुनासिक इत् । 1.3.9तस्य लोपः । वद्+ल् ।

3.4.78 तिप्तस्झिसिप्थस्थमिब्वस्मस् तातांझथासाथांध्वमिड्वहिमहिङ् ।

1.4.199 लः परस्मैपदम् । choose Parasmaipada affix.

वद्+झि । we are conjugating third person

1.4.101 तिङस्त्रीणि त्रीणि प्रथममध्यमोत्तमाः ।

1.4.102 तान्येकवचनद्विवचनबहुवचनान्येकशः । वद्+झि । plural

1.4.108 शेषे प्रथमः । वद्+झि । this is called "प्रथमः" i.e. the **first and most** used in language, third person.

3.4.113 तिङ्शित्सार्वधातुकम् । वद्+झि ।

3.1.68 कर्त्तरि शप् । वद्+शप्+झि ।

3.4.113तिङ्शित्सार्वधातुकम् । वद्+शप्+झि ।

7.1.3 झोऽन्तः । वद्+शप्+ अन्ति ।

1.3.3 हलन्त्यम्। 1.3.8लशक्वतद्धिते। 1.3.9तस्य लोपः।वद्+अ+अन्ति ।

6.1.97 अतो गुणे । वद्+अन्ति । sandhi drops the अकारः ।

8.3.24 नश्चापदान्तस्य झलि । वद् + अंति । Anusvara appears

8.4.58 अनुस्वारस्य ययि परसवर्णः । वद् + अन्ति । Anusvara changes to नकारः ।

वद् + अन्ति = वदन्ति $^{iii/3}$ लट् । iii = 3rd person, 3 = plural.
Third person plural, Present Tense.

Declension process of Noun

ब्रह्म = Brahma. The Lord. Highest Intelligence.

Stem Brahmanब्रह्मन् n → ब्रह्म neuter Nominative $^{1/1}$
The Great Lord. The Invisible presence.

1.2.45 अर्थवदधातुरप्रत्ययः प्रातिपदिकम् । ब्रह्मन्

1.2.46 कृत्तद्धितसमासाश्च । 3.1.1 प्रत्ययः । 3.1.2 परश्च ।

4.1.1 ङ्याप्प्रातिपदिकात् । 4.1.2 स्वौजस-

मौट्छष्टाभ्याम्भिस्ङेभ्याम्भ्यस्ङसिभ्याम्भ्यस्ङसोसाम्ङ्योस्सुप् ।

1.4.104विभक्तिश्च । 1.4.103 सुपः = use one of these vibhakti suffix. ब्रह्मन् + सुँ ।

1.4.22 द्व्येकयोर्द्विवचनैकवचने = singular number taken.

ब्रह्मन् + सुँ ।

7.1.23 स्वमोर्नपुंसकात् । 2.4.13 यस्मात्प्रत्ययविधिस्तदादि प्रत्ययेऽङ्गम् । 6.4.1 अङ्गस्य । 1st and 2nd case Vibhakti drops for neuter stem. ब्रह्मन् ।

1.4.17 स्वादिष्वसर्वनामस्थाने । The word gets पदसंज्ञा ।

ब्रह्मन् ।

8.2.7 न लोपः प्रातिपदिकान्तस्य । Final नकार drops.

ब्रह्म $^{n1/1}$।

Neuter. First case nominative singular. **Brahma**.

The Highest. The Supreme. Shiva. Purusha. Tao.
The Beautiful, The Love, The Infinite, The Divine.
Any name is **Him**.
All directions point to **It**. Every form is **She**.

Alphabetical List of Words

अदस् mfn - this (declines as stem अदअ)

अध mfn - lower (identical to पूर्व as अध m, अधा f, अध n)

अन्तर mfn - closest (identical to पूर्व as अन्तर m, अन्तरा f, अन्तर n)

अन्य mfn – other (declines as सर्व, identical to कतर)

अन्यतर mfn – (declines as सर्व, identical to कतर)

अपर mfn non-transcendental (see पूर्व as अपर m, अपरा f, अपर n)

अप् f Waters, water sources, unconditional Love, saviours

अम्भोरुह् n lotus, water flower, soul of water

अवर mfn western (identical to पूर्व as अवर m, अवरा f, अवर n)

अष्टदशन् mfn eighteen

अष्टन् mfn eight

असृज् n blood

अस्मद् mfn – I (personal pronoun)

अहन् n day (duration between 6am to 6pm)

आत्मन् m Soul, inner purity, Jiva

आशिस् f Blessing, Grace

इतर mfn – (declines as सर्व, identical to कतर)

इदम् mfn this (declines as stem अ, 3rd case onwards)

उत्तर mfn northern (identical to पूर्व as उत्तर m, उत्तरा f, उत्तर n)

उपानह् f Shoe, ladies Belly, footwear, boots, alter ego

उभ mfn - both, the two, pair (only in Dual)

उभय mfn - to both sides, in two ways (has no Dual)

एक mfn one (declines as सर्व)

एक mfn numeral one

एकतर n – one out of two (identical to कतर)

एकादशन् mfn eleven

एतद् mfn this (similar to तद् , declines as stem एतअ)

ऐक्ष्वाक m - Ancestor of Lord Ram, Descendent of Ikshvaku

ककुभ् f Region

कतम n – who or what out of many (interrogative)

कतर n – who or what out of two (interrogative usage)

कति mfn – How many Number? How much Quantity?

करिन् m elephant, tusker

कर्मन् n action

किम् f - who, what (interrogative usage)

किम् mfn - who, what

क्षुध् f Hunger, Starvation

गिर् f speech, spoken word

गुणिन् n meritorious

गुरु m Guru, Acharya, Master, Remover of Ignorance

गुरु n heavy, bulky, stressful, weight bearing

गो mf Bull, Cow, Ox

ग्लौ m Moon, Pleasant Shining Light, Nourisher

चतुर् mfn four

चतुर्थ m - Fourth, 4th, Transcendental State

चतुर्थ n – Fourth, 4th, Transcendental State

चतुर्थी f – Fourth, 4th, Transcendental State

चतुर्दशन् mfn fourteen

जगत् n world, society

जलमुच् m Cloud, airy ball of water

डतम mfn – (कतम यतम ततम एकतम identical to डतर)

डतर mfn – (कतर यतर ततर एकतर decline as सर्व)

ततर mfn – till the two (identical to कतर)

तद् mfn that (declines as stem तअ)

तस्थिवस् n That which has stood steadfast, pillar

तादृश् m likewise, such, like that, of that kind

तादृश् n Such, like that, likewise, of that kind

तुदत् n act of giving pain

तुरीय mfn - Fourth, 4th, Transcendental State

तृतीय mfn Third, 3rd

त्यद् mfn (declines as तद्)

त्रयोदशन् mfn thirteen

त्रि mfn three

त्व mfn – (declines as सर्व)

त्वत् mf – Other, other one

त्वत् n – Other, other thing

दक्षिण mfn (identical to पूर्व as दक्षिण m, दक्षिणा f, दक्षिण n)

ददत् n act of giving charity

दधि n curd. yoghurt

दन्त m – Tooth (body part)

दशन् mfn ten

दातृ m Donatee, Giver of Charity, Lord who fulfills

दातृ n That which gives, pot gives water

दिव् f Heaven

दिश् f Direction

दोस् m Arm, forearm (body part)

द्वादशन् mfn twelve

द्वि mfn – (only in Dual, declines as सर्व dual)

द्वि mfn two

द्वितीय mfn – Second, 2nd, Latter

द्विष् m Enemy, one who harbors ill-will, bitter person

धीमत् m Intelligent, talented, genius

धेनु f Cow, milch animal

नदी f River, flowing current

नवदशन् mfn nineteen

नवन् mfn nine

नामन् n name, surname, formal name, label

निर्जर m - Lord, Unageing, Never becoming old

निश् f Night

नेम mfn - One half, a portion (declines as सर्व except 1/3)

नौ f Boat, ferry

पचत् m Cook, Chef

पचत् n act of cooking

पञ्चदशन् mfn fifteen

पञ्चन् mfn five

पञ्चम mfn - Fifth, 5th

पति m Husband, Consort, Boss

पथिन् m Road, path, journey

पर mfn (identical to पूर्व as पर m, परा f, पर n)

पाद m – Foot (body part), quarter

पितृ m Father, Guardian, head of family

पुम्स् = पुंस् m Man, male of species

पुर् f town, city

पूर्व mfn Prior, Eastern

प्रथम mfn - First, 1st, Initial

प्रावृष् f Rainy season, Monsoon

फल n fruit, natural delicacy

ब्रह्मन् m Brahmin the learned one, Brahma the Creator

ब्रह्मन् n supreme consciousness

भवती f - Thee, your honour lady, respectful address

भवत् m - Thee, your honour, respectful address

भवत् n – a revered thing, a photograph/statue

भास् f Light, illumination, understanding

भू f earth, planet that sustains life

मघवन् m Storm cloud, Lord Indra

मति f Intellect, thought, reasoning, opinion

मधु n honey, natural sweetner

मनस् n mind, thoughts, opinion

मरुत् m Wind, Hanuman, Speedy

महत् m Great, magnificient, noble

महत् n massive, huge, great

मातृ f Mother, giver of birth

मास m – month, 30 day period

यतर mfn – that out of two (identical to कतर)

यद् mfn (declines as stem यअ, identical to तद्)

युवन् m Youth, Teenager

युष्मद् mfn – YOU (personal pronoun)

रमा f Consort of Lord, Goddess of Wealth, Fair Maiden

राजन् m King

राज् m King, Head, President

राम m Rama, Lord

रै mf Resources, Wealth

लिह् m One who licks, baby like, puppy like

वणिज् m Merchant, trader

वधू f bride, newly wed girl, one who manages home

वपुस् body, trunk

वाच् f Speech, Organ of speech

वारि n water, clear liquid

वार् n water, still waters, deep blue sea

विद्वस् m Scholar, professor

विश् m People, crowd, group of humans

विश्व mfn – total, sum (identically as सर्व)

विश्वपा m - Lord, Protector of World

वेधस् m all-knowledgeable, Lord Brahma, Creator

शरद् f Autumn, Season

शुचि n pure, clean

श्री f endowed with Wealth, Resourceful

श्रेयस् m Superior, Ultimate

श्वन् m Dog, Canine

षष् mfn six

षोडशन् mfn sixteen

सखि m Friend, Companion, colleague, roommate

सप्तदशन् mfn seventeen

सप्तन् mfn seven

सम mfn – one other portion (identical to सर्व)

सरित् f River, stream, Flowing current

सर्व mfn - All, Everyone, Several (adjective usage)

सर्वा feminine - All, Everyone

सिम mfn – another part (identical to सर्व)

सीमन् f Boundary, limit (has two declension forms)

सुत्विष् n shiny, glowing, lustrous, brilliant

सुवाच् n Eloquent speech, oratory

सुहृद् m Friend, affectionate one, good at heart

स्रज् f garland

स्त्री f woman, one needing an anchor, wife

स्व mfn (identical to पूर्व as स्व m, स्वा f, स्व n)

स्वसृ f Sister, affectionate girl

हरि m Hari, Vishnu, Lord, Success giver

हविस् n Oblation

हृद् n heart, core, blueprint of something

References

Author	Title	Ed.	Year	Publisher
KLV Sastry & Anantarama Sastri	Sabda Manjari Reprint - 2013	1st	1961	RS Vadhyar & Sons, Palghat.
Avanindra Kumar	अष्टाध्यायी पदानुक्रम कोश	2nd	2008	Parimal Publications, Delhi
Yudhishthir Mimansak	शब्द रूपावली	5th	2016	Ramlal Kapoor Trust, Sonipat
Srisa Chandra Vasu	Siddhanta Kaumudi of Bhattoji Diksita Vol 1 and 2	6th	2017	Motilal Banarsidass, Delhi
Pushpa Dikshit	शीघ्रबोध व्याकरणम्	2nd	2017	Pratibha Prakashan, Delhi
	अष्टाध्यायी सहजबोध Vol 5 सुबन्त स्त्री द्विरुक्ति	1st	2018	
Ashwini Kumar Aggarwal	Dhatupatha of Panini	2nd	2017	Devotees of Sri Sri Ravi Shankar Ashram, Punjab
	The Sanskrit Alphabet	1st	2017	
	Maheshwar Sutras Pratyaharas	1st	2018	
	Ashtadhyayi of Panini Complete	1st	2018	
	Ashtadhyayi of Panini Indexes	1st	2018	
	Sanskrit Sandhi Handbook	1st	2019	
	Sanskrit Nouns Sabda Manjari	1st	2019	

Online Links

http://bhagavadgita.org.in/declension
https://www.learnsanskrit.cc/
http://sanskrit.uohyd.ac.in/scl/#
https://www.sanskritworld.in/index/Sanskrittool
http://sanskrit.jnu.ac.in/index.jsp
http://sanskrit.segal.net.br/
https://ashtadhyayi.com/

Epilogue

Knowing the sutras behind the Nouns is serious and time-consuming work, yet it bestows immense satisfaction.

Hope this work delights and cheers every Vyakarana enthusiast.

सर्वे भवन्तु सुखिनः । सर्वे सन्तु निरामयाः ।

सर्वे भद्राणि पश्यन्तु । मा कश्चिद् दुःख भाग्भवेत् ॥

ॐ शान्तिः शान्तिः शान्तिः ॥

When faith has blossomed in life, Every step is led by the Divine.
Sri Sri Ravi Shankar

Om Namah Shivaya

जय गुरुदेव

www.ingramcontent.com/pod-product-compliance
Lightning Source LLC
LaVergne TN
LVHW020428070526
838199LV00004B/325
9789392201929